Jens Dell´Anna

Leistungsorientierte Vergütung im Gesundheitswesen

P4P bei niedergelassenen Ärzten

Bachelor + Master
Publishing

Dell´Anna, Jens: Leistungsorientierte Vergütung im Gesundheitswesen: P4P bei niedergelassenen Ärzten, Hamburg, Bachelor + Master Publishing 2013
Originaltitel der Abschlussarbeit: Pay for Performance · Vergütung von niedergelassenen Ärzten

Buch-ISBN: 978-3-95549-088-1
PDF-eBook-ISBN: 978-3-95549-588-6
Druck/Herstellung: Bachelor + Master Publishing, Hamburg, 2013
Zugl. Universität der Bundeswehr München, München-Neubiberg, Deutschland, Masterarbeit, 2012

Bibliografische Information der Deutschen Nationalbibliothek:
Die Deutsche Nationalbibliothek verzeichnet diese Publikation in der Deutschen Nationalbibliografie; detaillierte bibliografische Daten sind im Internet über http://dnb.d-nb.de abrufbar.

© Bachelor + Master Publishing, Imprint der Diplomica Verlag GmbH
Hermannstal 119k, 22119 Hamburg
http://www.diplomica-verlag.de, Hamburg 2013
Printed in Germany

Inhaltsverzeichnis

Abbildungsverzeichnis

Abkürzungsverzeichnis

Abs.   Absatz

AOK   Allgemeine Ortskrankenkasse

App   Application

AQUA   Institut für angewandte Qualitätsförderung und Forschung im

                Gesundheitswesen

AQUIK   Ambulante Qualitätsindikatoren und Kennzahlen

ÄZQ   Ärztliches Zentrum für Qualität in der Medizin

BÄK   Bundesärztekammer

BRD   Bundesrepublik Deutschland

bspw.   beispielsweise

COPD   Chronic Obstructive Pulmonary Disease

D.C.   District of Columbia

DAX   Deutscher Aktienindex

Dr.   Doktor

ebd.   ebenda

EDV   elektronische Datenverarbeitung

EQUAM   Externe Qualitätssicherung in der Medizin

FAZ   Frankfurter Allgemeine Zeitung

GBE   Gesundheitsberichterstattung des Bundes

GKV   Gesetzliche Krankenversicherung

GKV-WSG   Gesetz zur Stärkung des Wettbewerbs in der gesetzlichen Kran-

                kenversicherung (GKV-Wettbewerbsstärkungsgesetz)

HbA_{1c} Glykohämoglobin (Hämoglobin A_{1c})

IHA   Integrated Healthcare Association

IOM   Institute of Medicine

IQWiG   Institut für Qualität und Wirtschaftlichkeit im Gesundheitswesen

KBV   Kassenärztliche Bundesvereinigung

KVen   Kassenärztliche Vereinigungen

MDK   Medizinische Dienst der Krankenversicherung

NPCRDC   National Primary Care Research and Development Centre

Nr.   Nummer

o.V.   ohne Verfasser

OECD	Organisation for Economic Co-operation and Development
P4P	Pay for Performance
Prof.	Professor
QEP	Qualität und Entwicklung in Praxen
QiSA	Qualitätsindikatorensystem für die ambulante Versorgung
QS-Reha	Qualitätssicherung medizinischer Rehabilitation
QuE	Qualität und Effizienz
QUINTH	Qualitäts-Indikatoren-Thesaurus
RAND	Research and Development
S.	Seite
SGB V	Sozialgesetzbuch, Fünftes Buch
SPSS	Statistical Package for the Social Sciences
SQG	Sektorübergreifende Qualität im Gesundheitswesen
SVR	Sachverständigenrat zur Begutachtung der Entwicklung im Gesundheitswesen
u.a.	und andere
UCLA	University of California, Los Angeles
vgl.	vergleiche
Vol.	Volume

1 Einleitung

In der heutigen Wirtschaftswelt ist es mittlerweile zum Standard geworden, dass die Mitarbeiter in Abhängigkeit des Unternehmenserfolges vergütet werden. Immer mehr Organisationen wenden sich von einer rein festverbindlichen Entlohnung ab und tendieren zu einer Kombination aus einem fixen und variablen Vergütungsanteil. Eine Untersuchung der DAX-30-Unternehmen und weiterer 160 nicht börsennotierter Organisationen zeigt, dass der variable Vergütungsanteil zwischen 15 und 35 Prozent der jeweiligen Gesamtvergütung liegt und diese Entlohnungssystematik bei über 43 Prozent der Mitarbeiter bereits Anwendung in Form von Provisionen, Prämien oder Gratifikationen, findet.[1] Das Ziel dieser Vergütungsform liegt in den motivationalen Anreizen, die durch den variablen Entlohnungsanteil zum Ausdruck kommen. Dieser monetäre Anreiz hat das Ziel, die Motivation eines Mitarbeiters bei seiner Arbeitsverrichtung zu erhöhen, um den damit korrelierenden Unternehmenserfolg positiv zu beeinflussen.[2]

Seit längerem werden ähnliche Ansätze im Rahmen der Gesundheitsökonomie hinterfragt und diskutiert. Hierbei geht es um die Fragestellung, ob durch ein adäquates System von erfolgsorientierter Vergütung, die Versorgungsqualität verbessert, respektive die Versorgungskosten im Gesundheitswesen reduziert werden können, da vermutet wird, dass im deutschen Gesundheitssystem mittelfristig 20 Milliarden Euro an Effizienzreserven schlummern.[3] Gründe solcher Überlegungen sind auch in den stetig steigenden Gesundheitsausgaben sowie im Bedürfnis nach mehr Transparenz in der Versorgung zu finden.[4] So umfasste beispielsweise der deutsche Gesundheitsetat im Jahr 2009, 11,6 Prozent des Bruttoinlandproduktes und lag damit 2,1 Prozentpunkte über dem Durchschnittswert der OECD Länder.[5] Neben den steigenden Gesundheitsausgaben und den damit verbundenen Beitragserhöhungen der Krankenversicherungen, kristallisiert sich sowohl politisch[6], als auch gesundheitsökonomisch ein Handlungsbedarf heraus, der dazu führt, in die bis dato bestehende Vergütungssystematik des Gesundheitswesens einzugreifen. Erstmals im Jahr 1997 wurde durch den „Sachverständigen-

---

[1] Vgl. Focus (2010), S. 1.
[2] Vgl. FAZ (2006), S. 2.
[3] Vgl. Welt (2006), S. 1.
[4] Vgl. Bartholomäus (1999), S. 32.
[5] Vgl. OECD (2011), S. 1.
[6] Vgl. CDU u.a. (2009), S. 85.

rat zur Begutachtung der Entwicklung im Gesundheitswesen" (SVR), das Thema Pay for Performance, im Rahmen eines Sondergutachtens in den Mittelpunkt gestellt.[7] Mittlerweile hat das Konzept der erfolgsabhängigen Vergütung an Relevanz zugenommen, sodass es in weiten Teilen institutioneller Leistungsfinanzierer wesentlicher Bestandteil der Kostenkompensation ist. Die vorliegende Arbeit erläutert die wesentlichen Grundzüge dieser Vergütungssystematik und gibt Einblicke in bereits bestehende Indikatorenprogramme, mit denen die jeweilige Leistung gemessen und anschließend vergütet werden kann. Die Arbeit fokussiert damit die Methodik und Praxisrelevanz des P4P Konzeptes im Rahmen niedergelassener Leistungserbringer und betrachtet die Wirkungsmechanik dieses Entgeltprinzips kritisch. Einleitend werden dazu in Kapitel 2 definitorische Grundlagen geschaffen. Neben der Entstehungsgeschichte von P4P werden zudem Spezifika des deutschen Gesundheitssystems, wie gesetzliche Anforderungen, unterschiedliche Vergütungsformen und Implementierungsmodalitäten erläutert, um anschließend den Aufbau des P4P Konzeptes ausführlich zu beschreiben. Das grundlegende Problem bei der performancebasierten Vergütung stellt die objektive Operationalisierung von medizinischen Leistungen dar. Hierfür werden im dritten Kapitel neben allgemeinen Voraussetzungen und Rahmenbedingungen von Qualitätsindikatoren, die Qualitätsdimensionen nach Avedis Donabedian dargestellt. Die Qualitätsindikatorenprogramme QiSA und AQUIK sind praxistaugliche und evidenzbasierte Projekte, mit denen der Leistungserfolg eines Anbieters von ambulanten Gesundheitsleistungen evaluiert werden kann. Diese Programme werden daher eigenständig und umfassend im vierten Kapitel detailliert beschrieben. Die zeitintensive und aufwendige Entwicklung eines solchen Programmes zeigt, dass das P4P Konzept ein komplexes Gefüge ist und daher sowohl positive, als auch negative Effekte mit sich bringen kann. Inwieweit Wirtschaftlichkeitsüberlegungen sowie Akzeptanz und Nutzung im Praxisalltag Berücksichtigung finden, werden in Kapitel fünf kritisch betrachtet. Beendet wird dieses Kapitel mit dem Betrachtungsobjekt der Vereinbarkeit der P4P Systematik mit dem Ärztestand und beschreibt den Zusammenhang zwischen intrinsischer und extrinsischer Motivation. Im sechsten Kapitel der vorliegenden Arbeit werden nochmals die Inhalte der Arbeit komprimiert dargestellt und im Rahmen eines Resümees beendet.

---

[7] Vgl. SVR (1997), S. 66 und 77.

2 Das Konzept des P4P Ansatzes

In diesem zweiten Kapitel werden die Grundlagen für das weitere Verständnis dieser Arbeit geschaffen. Einleitend wird hierzu im ersten Kapitel der definitorische Begriff des P4P Ansatzes erläutert und in Kapitel 2.2 die Entstehung dieser Vergütungssystematik in ihrem zeitlichen Ablauf kurz skizziert. Im Kapitel 2.3 werden zu Beginn die gesetzlichen Anforderungen und Möglichkeiten zur Etablierung eines solchen Ansatzes dargestellt. Eine Einordnung von P4P in den Gesamtzusammenhang der Vergütungslandschaft von Leistungserbringern sowie Aspekte der Implementierung in das Gesundheitswesen werden hier ebenfalls vorgenommen. Anschließend werden anhand zweier Unterkapitel die beiden Säulen des P4P Konzeptes, „Erfolgsorientierte Vergütung" (Kapitel 2.4.2) und „Public Reporting" (Kapitel 2.4.3) erläutert und in ihren Zusammenhang gesetzt.

2.1 Begriffsdefinition von Pay for Performance

Das Konzept von Pay for Performance (P4P) versucht mittels Anreize den Erfolg einer Leistung zu erhöhen. Es handelt sich hierbei um eine Vergütungssystematik, die ausgehend vom Erfüllungsgrad einer Verrichtung, den Leistungserbringer entsprechend entlohnt. Im Zusammenhang mit dem Gesundheitswesen wird der Gedanke fokussiert, den Behandlungserfolg und damit die Qualität einer Behandlung zu verbessern. Das P4P Konzept kann somit als ein Vergütungssystem verstanden werden, das versucht, zieladjustiert die Qualität der Leistungen von Anbietern von Gesundheitsleistungen zu vergüten.[8] Die Begrifflichkeit Pay for Performance[9] ist in der gesundheitswissenschaftlichen Diskussion als Weiterentwicklung von „Public Disclosure"[10] zu verstehen. „Public Disclosure" stellt hierbei die Veröffentlichung von Ergebnissen, insbesondere von Qualitätsdaten, dar.[11] Zielvorstellungen des P4P Ansatzes sowie der Aufbau und Zusammenhang in Verbindung mit „Public Disclosure" werden in Kapitel 2.4 näher beschrieben.

Neben dem bisher verwendeten Ausdruck von Pay for Performance werden auch weitere englischsprachige Begrifflichkeiten, wie „Value-Based Performance" oder

---

[8] Vgl. Rosenthal, Dudley (2006), S. 1.
[9] Im Deutschen zu übersetzen als „Qualitätsorientierte Vergütung", vgl. Rieser (2009), S. 13.
[10] Im Deutschen zu übersetzen als „Veröffentlichung von Qualitätsergebnissen", vgl. Schrappe (2001), S. 647.
[11] Vgl. SVR (2007), Nr. 725.

auch „Payment for Quality", unter dem Verständnis einer erfolgs- und qualitätsorientierten Vergütung subsumiert.[12] Im weiteren Verlauf dieser Arbeit wird ver-
einfachend von P4P gesprochen, um auf einer einheitlichen Begriffsdefinition
aufbauen zu können. Im nachfolgenden Kapitel werden der Entstehungsgedanke
und die Entwicklung des P4P Konzeptes zusammenfassend dargestellt.

2.2 Entstehung und Entwicklung des P4P Konzeptes

Ausgangspunkt und somit Initialgedanke, welches das P4P Konzept in den öffentlichen Diskurs brachte, war die Veröffentlichung eines Gutachtens des „Institute
of Medicine" (IOM) aus Washington, D.C. im Jahr 1998. Darin dokumentierte das
IOM erhebliche Qualitätsprobleme des amerikanischen Health Care Systems und
den damit verbundenen Missbrauch des Gesundheitssystems auf Grund von über-
mäßiger und unterproportionaler Inanspruchnahme von Behandlungsleistungen.[13]
In den darauffolgenden Jahren wurden mögliche Lösungsansätze diskutiert und es
wurde ein Ansatz fokussiert, der sich die Anreizwirkung von Entlohnungssyste-
men zur Qualitätssteigerung zu Nutze macht. Absicht hierbei ist nicht die Erhöhung der Effizienz, sondern die Steigerung der Versorgungsqualität.[14] Das be-
kannteste Projekt, welches konkret an dieser neuen Versorgungssystematik arbei-
tete und diese weiterentwickelte war die „Integrated Healthcare Association"
(IHA) in Kalifornien. Die IHA initiierte im Jahr 2000 eine Arbeitsgruppe[15], die
einen umfassenden Ansatz für performancebasierte Entlohnung erarbeitete. Die
IHA formulierte in ihrem Bericht aus dem Jahr 2006 das Ziel ihres P4P Gedankens wie folgt:

> „To create a business case for quality improvement through a compelling
> set of incentives that would drive breakthrough improvements in the quali-
> ty and experience of health care."[16]

In den Folgejahren schlossen sich die größten Health Plans der Vereinigten Staaten von Amerika, wie beispielsweise „Aetna", „Blue Cross of California" oder

---

[12] Vgl. SVR (2007), Nr. 730.
[13] Vgl. IOM (2003), S. 23.
[14] Vgl. Amelung, Zahn (2009), S. 7.
[15] Die Arbeitsgruppe besteht unter Anderem aus amerikanischen Versorgungssystemen, Arbeitge-
bern, Akademikern, Konsumenten und Repräsentanten der pharmazeutischen Industrie.
[16] IHA (2006), S. 1.

„PacifiCare" diesem Vergütungssystem an und unterstrichen damit die Bedeutung und Relevanz dieses Projektes für das amerikanische Gesundheitswesen. Der wesentliche Aufbau und die jeweils verwendeten Indikatoren zur Messung und Bewertung von Gesundheitsleistungen, um die Leistungserbringer qualitätsorientiert zu vergüten, werden in Kapitel 2.4 und 3.1 ausführlich dargestellt und daher an dieser Stelle nicht weiter erläutert.

Heute zählt die IHA über 200 Institutionen mit über zehn Millionen Mitglieder, die sich dem System angeschlossen haben und gemeinsam mit diesem Projekt die Behandlungsqualität im amerikanischen Gesundheitswesen verbessern.[17]

Der erste Einfluss eines solchen Qualitätsgedankens im deutschen Gesundheitssystem bestand im Rahmen des Gesundheitsreformgesetzes aus dem Jahr 1989. Seither wurde der Qualitätsaspekt im Rahmen des Qualitätsmanagements in Form von Qualitätstransparenz oder Qualitätssteuerung jedem großen Reformgesetz hinzugefügt.[18] Eine konsequente und praxisbasierende Umsetzung der leistungsorientierten Vergütungsdisziplin blieb aber aus. Erstmals im Jahr 1997 nahm der SVR zur Thematik des P4P Gedankens Stellung. In diesem Sondergutachten heißt es, dass *„die Vergütung im Mittelpunkt steht"* und *„Anreize zu mehr Ergebnisorientierung"* geschaffen werden müssen. Weiterhin betont der SVR, dass *„auf diesem Wege (..) die Vergütung zur Erhöhung von Effektivität und Effizienz in der Krankenhausversorgung und gesundheitlichen Betreuung der Bevölkerung"* beiträgt und die *„erfolgsorientierten Vergütungsformen einzusetzen"* sind, *„wo immer sich eine sinnvolle Möglichkeit dazu bietet."*[19] Eine erste Anwendung von qualitätsorientierten Verträgen zwischen den Leistungsfinanzierern und Erbringern von Gesundheitsleistungen, erfolgte faktisch erst durch die Einführung der neuen Versorgungsformen im Rahmen der Gesundheitsreform aus dem Jahr 2000.[20] Hierbei wurde beispielsweise die Integrierte Versorgung[21] gesetzlich ermöglicht, was dazu führte, dass neben kollektiven Kontrahierungsmöglichkeiten jetzt auch die Möglichkeit des selektiven Kontrahierens in Bezug auf die erfolgsorientierte Vergütung bestand. Weitere Ausführungen hierzu und die Stellung des Paragraphen 136 SGB V, „Förderung der Qualität durch die Kassenärztliche Vereinigung-

---

[17] Vgl. Rusin (2012), S. 4.
[18] Vgl. Gruhl (2011), S. 42.
[19] SVR (1997), S. 66 und 77.
[20] Vgl. Klusen u.a. (2009), S. 99.
[21] SGB V, §140a-d.

en"[22], werden in Kapitel 2.3.1 ausführlich erläutert. Neben ein durch das Bundes-ministerium für Gesundheit in Auftrag gegebenes „Gutachten zur Ermittlung des nationalen und internationalen Sachstandes im Bereich Pay for Performance"[23] aus dem Jahr 2010, gibt es bereits auch praxisbasierte Programme, mit deren Hilfe die Qualität einer Behandlung gemessen und erfolgsadjustiert vergütet werden kann. Beispielhaft ist hier das Qualitätsindikatorensystem für die ambulante Versorgung (QiSA) zu erwähnen, welches ausführlich im vierten Kapitel beschrieben wird.

2.3 Einordnung des P4P Ansatzes in das System des deutschen Gesundheitswesens

In diesem Abschnitt des Grundlagenkapitels wird der P4P Ansatz in den Gesamt-zusammenhang des deutschen Gesundheitssystems gesetzt. Zuvorderst werden die gesetzlichen Anforderungen und Möglichkeiten erörtert, die eine Etablierung des P4P Gedankens im Gesundheitssystem der Bundesrepublik Deutschland möglich machen. In Kapitel 2.3.2 werden ausgewählte Vergütungsformen grafisch darge-stellt und anschließend in Bezug auf die gesundheitsökonomische Vergütungssys-tematik detailliert beschrieben. Zum Schluss des Kapitels 2.3, werden ausgewählte Implementierungsmodalitäten kurz erläutert und in Bezug auf das Gesundheitssys-tem ausgearbeitet.

2.3.1 Gesetzliche Anforderungen und Möglichkeiten

In Kapitel 2.2 wurde aufgezeigt, dass erst durch die Gesundheitsreform aus dem Jahr 2000 der vertraglichen Ausgestaltung zwischen Leistungserbringern und Leistungsfinanzierern mehr Freiraum gegeben wurde. Neben der erwähnten Inte-grierten Versorgung[24] wurden auch weitere Versorgungsformen, wie die hausarzt-zentrierte Versorgung[25], die besondere ambulante ärztliche Versorgung[26], die ambulante stationäre Versorgung[27] sowie Rabattverträge[28] und Wahltarife[29], mit zum Teil erheblichem Handlungsspielraum für die Akteure eingeführt. Grundle-

---

[22] SGB V, §136.
[23] Vgl. BMG (2010), S. 1.
[24] SGB V, §140a-d.
[25] Ebd., §73b.
[26] Ebd., §73c.
[27] Ebd., §116.
[28] Ebd., §130a.
[29] Ebd., §53.

gend sind qualitätsorientierte Vergütungsmodelle eher den Selektivverträgen zuzuordnen, wenngleich sie im kollektiven Bereich ebenfalls Anwendung finden.[30] Ausschlaggebend beim selektiven Kontrahieren ist, dass die staatlichen Organisationen, Krankenkassen oder einzelne Leistungsanbieter hierbei zu Einkäufern werden. Folglich entwickelt sich daraus eine gewisse Vertragsfreiheit, die aber unter kritischen Gesichtspunkten zu bewerten ist. So müssen beispielsweise Kriterien für die Auswahl von Vertragspartnern und Vertragsgegenständen gefunden werden. Zudem muss es klare Indikatoren geben, mit denen der Outcome bewertet werden kann.[31] Ausführliche Erläuterungen und Prämissen zu solchen Qualitätsindikatoren werden im dritten Kapitel dieser Arbeit beschrieben.

Als wegweisende Norm in Richtung Praxistauglichkeit des P4P Ansatzes, ist der Paragraph 136 SGB V zu erwähnen. Dieser Gesetzesabschnitt verpflichtet die Kassenärztlichen Vereinigungen, zielgerichtet die Versorgungsqualität zu fördern und anhand standardisierter Richtlinien[32] das jeweilige Ergebnis zu evaluieren.[33] In der praktischen Umsetzung bedeutet das, dass zur Wahrnehmung der Förderungspflicht beispielsweise Qualitätsmanagementsysteme entwickelt und implementiert werden.[34] Im Rahmen des Pflegeweiterentwicklungsgesetzes wurde der Paragraph 136 SGB V durch den Absatz vier ergänzt. Dieser ermöglicht den Kassenärztlichen Vereinigungen und den Krankenkassen, in ihrem zuständigen Bereich Qualitätssysteme zu implementieren und zu unterhalten. Ihnen obliegt die Verantwortung gesamtvertragliche Vereinbarungen zu schließen, *„in denen für bestimmte Leistungen einheitlich strukturierte und elektronisch dokumentierte"* Sollgrößen festgelegt werden, *„bei deren Erfüllung, die an dem jeweiligen Vertrag teilnehmenden Ärzte, Zuschläge zu den Vergütungen erhalten."*[35] Diese Sollgrößen und ihre Bedeutung im Rahmen der Qualitätsmessung werden im dritten Kapitel näher erläutert. Durch die Aufnahme des vierten Absatzes im Paragraph 136 SGB V wurde der Idee, höhere Qualität entsprechend höher zu vergüten, die ersten Impulse zum P4P Ansatz im deutschen Gesundheitswesen gegeben. Neben diesen gesetzlichen Anforderungen und Möglichkeiten der erfolgsorientierten Vergütung,

---

[30] Vgl. Amelung, Zahn (2009), S. 8.
[31] Vgl. Amelung, Zahn (2009), S. 10.
[32] Die Richtlinien der Kriterien zur Qualitätsbeurteilung sowie die Maßgabe der Vorgaben zur Auswahl, Umfang und Verfahren der Qualitätsprüfungen werden durch den Gemeinsamen Bundesausschuss entwickelt.
[33] SGB V, §136 Abs. 1 bis 3.
[34] Vgl. Beck (2012).
[35] SGB V, §136 Abs. 4 Satz 1.

gibt es noch weitere Aspekte, die bei der Einordnung des P4P Ansatzes im deutschen Gesundheitswesen berücksichtigt werden müssen. Im folgenden Kapitel wird die performancebasierte Entlohnungsform in den Gesamtzusammenhang der Vergütungslandschaft eingeordnet.

2.3.2 Vergütungsformen im Gesundheitssystem

Das deutsche Gesundheitssystem umfasst acht unterschiedliche Formen der Kompensationszahlungen für Behandlungsausgaben. Die folgende Abbildung zeigt die Vergütungsformen im Überblick.

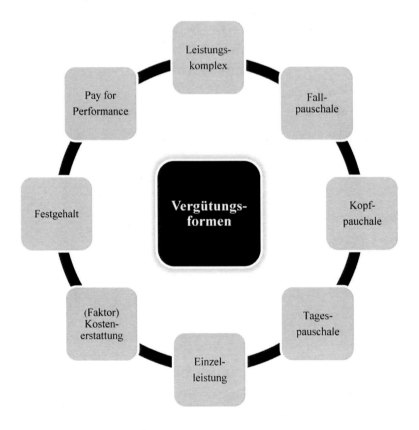

Abbildung 1: Vergütungsformen[36]

---

[36] Quelle: Eigene Darstellung in Anlehnung an Amelung, Zahn (2009), S. 14.

Nachfolgend werden die Entlohnungselemente im Einzelnen beschrieben und ausgewählte Charakteristika zu erwünschten oder unerwünschten Effekten darge-legt.

Leistungskomplex

Bei Leistungskomplexen handelt es sich um eine Ansammlung von Leistungen bezüglich der Behandlung eines einzelnen Falles eines Patienten. Diese Behand-lungsleistungen können beispielsweise operative Eingriffe, Pflegeleistungen oder auch Verwaltungsaufwendungen darstellen. Hierbei wird der Leistungserbringer in der Summe pauschal vergütet. Unerwünschte Effekte, wie die Ausweitung der Einzelleistungen finden bei dieser Form der Vergütung keine Anwendung.[37]

Fallpauschale

Die Fallpauschale ist als weiterführende Stufe des Leistungskomplexes zu verste-hen. Der Leistungserbinger erhält hierbei eine adjustierte Pauschale für den je-weils behandelten Fall. Eine Adjustierung bedeutet in diesem Fall, eine Berück-sichtigung von Alter, Prozedur und Krankheitsintensität. Das Morbiditätsrisiko wird in diesem Fall von den Krankenkassen getragen. Ein jeweiliger Mehr- oder Minderaufwand pro Patient wird vom Leistungserbringer getragen.[38] Bei dieser Form bestehen keinerlei Anreize die Leistungen auszuweiten, sehr wohl aber bei der Verlagerung von Behandlungsaufwendungen, um mögliche Kosten auf andere abzuwälzen.[39]

Kopfpauschale

Die Kopfpauschale, auch bekannt unter dem Begriff „capitation", umfasst einen pauschalierten Grundbetrag, den der jeweilige Leistungserbringer für einen, bei ihm vertraglich verpflichteten Versicherten erhält. Im Gegensatz zur Fallpauschale findet hier eine Risikoadjustierung in Bezug auf Alter, Geschlecht und Morbidität statt. Die Pauschale erhält der Leistungserbringer prospektiv für eine vereinbarte Periode. Die hierbei auftretende Gefahr liegt im Bereich der Risikoselektion. Obwohl Anreize bestehen, alle notwendigen Mittel zur Gesunderhaltung des Patienten einzusetzen, besteht der unerwünschte Effekt, dass beispielsweise chro-

---

[37] Vgl. Amelung, Zahn (2009), S. 15.
[38] Vgl. ebd.
[39] Vgl. Amelung (2009). S. 10.

nisch Erkrankte selektiert und damit ausgeschlossen werden, um den ärztlichen Behandlungsaufwand kostengering zu halten.[40]

Tagespauschale

Dieser Pauschalbetrag wird speziell im stationären Bereich eingesetzt und kompensiert die Behandlungskosten des Leistungserbringers in Form von tagesgleichen Pflegesätzen. Eine Berücksichtigung des Behandlungsaufwandes oder der Morbidität des Patienten findet nicht statt. Ein unerwünschter Effekt hierbei wirkt sich auf die Verweildauer der Patienten aus.[41] Da mit zeitlicher Zunahme des Krankenhausaufenthaltes und der damit verbundenen Verbesserung des Gesundheitszustandes des Patienten die Behandlungskosten tendenziell sinken, hat der stationäre Bereich einen großen Anreiz die Verweildauer zu erhöhen, um damit einen höheren Deckungsbeitrag zu erwirtschaften.[42]

Einzelleistung

Hierbei erhält der Leistungserbringer für jede am Patienten erbrachte Leistung eine gesonderte Vergütung. Auch unter dem Begriff „free for service" bekannt, beinhaltet diese Form der Vergütung einen zentralen unerwünschten Effekt. Es besteht ein immanenter Anreiz besonders aufwendige oder umfangreiche und gegebenenfalls unnötige Behandlungsleistungen anzusetzen, da der Leistungserbringer dadurch mehr anrechnen kann. Positiv ist hierzu zu vermerken, dass die Leistungsorientierung mit Mittelpunkt steht und dadurch auch die Produktivität der Leistungserbringer gefördert wird.[43]

(Faktor) Kostenerstattung

Bei der Kostenerstattung erhält der Leistungserbringer retrospektiv die tatsächlich angefallenen Kosten der Behandlungsaufwendungen vergütet. Berechnungsgrundlage hierfür sind beispielsweise die Faktoren Arbeitsleistung oder Geräteeinsatz. Unerwünschte Effekte bestehen im Anreiz der Ressourcenausweitung oder in der Ausweitung der Verweildauer im stationären Bereich.[44]

---

[40] Vgl. Emmert (2008), S. 224 bis 228.
[41] Vgl. Amelung (2009), S. 11.
[42] Vgl. Emmert (2008), S. 229.
[43] Vgl. Klusen u.a. (2009), S. 96.
[44] Vgl. Amelung, Zahn (2009), S. 15.

Festgehalt

Diese Vergütungsform ist die einfachste Art Leistungserbringer zu entlohnen. Hierbei erhält dieser unabhängig von der erbrachten Leistung ein festes, periodenterminiertes Gehalt. Wirtschaftlichkeitsfördernde Anreize bestehen dabei ebenso wenig, wie die Gefahr der Mengenmaximierung oder Leistungsausweitung.[45]

Pay for Performance

Diese Vergütungsform impliziert, dass die Kompensation von Behandlungsausgaben von dem jeweiligen Behandlungserfolg abhängig ist. Somit orientiert sich die Höhe der Vergütung am Outcome der erbrachten Leistung. Dies führt im Idealfall zu Qualitätsverbesserungen, wohingegen der Hauptkritikpunkt in der objektiven Bewertung dieser erbrachten Gesundheitsleistungen liegt.[46]

Diese letzte Vergütungsform stellt den zentralen Untersuchungsgegenstand dieser Arbeit dar. Sie impliziert, dass Leistungserbringer nur im Erfolgsfall vergütet werden, was dazu führt, dass dieser permanent einem finanziellen Risiko ausgesetzt ist. P4P stellt damit kein existenzsicherndes und monokausales Vergütungskonzept dar, sondern ist parallel, respektive begleitend, zu den anderen dargelegten Vergütungsformen zu verstehen und anzuwenden.[47]

Durch die vorhergehende Betrachtung der einzelnen Entlohnungssysteme wurde gezeigt, dass P4P zwar einen eigenständigen Vergütungscharakter hat, aber nur in Kombination mit erfolgsunabhängigen Systemen, als Lösungsansatz zur Qualitätsverbesserung im Gesundheitswesen wirken kann.[48] Dieser Sichtweise schließen sich auch die Autoren des Krankenhaus-Reportes aus dem Jahr 2011 an. Sie sehen den P4P Gedanken als einen unter vielen Ansätzen zur effizienten Verbesserung der Qualität der Versorgung und rücken daher den Fokus auf die jeweiligen Merkmale und Parameter, die zu berücksichtigen sind, um ein solches System sinnvoll in das Gesundheitssystem zu implementieren.[49] Diese Aspekte werden im nächsten Kapitel komprimiert dargestellt.

---

[45] Vgl. Amelung, Zahn (2009), S. 14.
[46] Vgl. Klusen u.a. (2009), S. 97.
[47] Vgl. Klakow-Franck (2009), S. 19.
[48] Vgl. Reißig (2009), S. 11.
[49] Vgl. Schrappe, Gültekin (2011), S. 106.

11

2.3.3 Implementierungsmodalitäten im Gesundheitssystem

Die Erstellung und Ausarbeitung eines P4P Konzeptes erfordert neben einer genauen Zielformulierung, auch die Berücksichtigung von methodischen Aspekten, die die Etablierung einer performancebasierten Vergütung möglich machen.[50] Folgende Diskrepanzfelder sind hierbei in die Evaluationsbetrachtung mit einzubeziehen und werden anschließend im Einzelnen beschrieben.

- Adressatenkreis
- Häufigkeit und Höhe der zusätzlichen Vergütung
- Auswahl und Spezifizierung der Indikatoren
- Anreizspezifikationen

Der erste Bereich beschreibt die Art der Adressaten. Es ist zu klären, ob einzelne niedergelassene Ärzte oder größere Organisationen, wie Krankenhäuser oder Ärztenetze, angesprochen werden. Werden beispielsweise einzelne Leistungserbringer angesprochen, sind hier individuelle Faktoren in den Betrachtungsfokus zu rücken, wobei hier unterschiedliche Wirkungsaspekte zwischen Hausärzten, Fachärzten und Krankenhausärzten zu beachten sind. Bei Ärztenetzen stehen hingegen System- und Managementfaktoren im Mittelpunkt der Betrachtung, die bei der Implementierung dieser externen Anreizgestaltung zu berücksichtigen sind.

Die Häufigkeit dieser zusätzlichen Zahlungen stellt einen weniger relevanten Aspekt dar, solange sie periodengerecht gezahlt wird. Die Höhe der Vergütung hingegen hat einen erheblichen Einfluss auf die Leistung der Entgeltempfänger. Die zusätzliche Vergütung muss zwei Finanzaspekte mit einbeziehen. Zum Einen muss sie die zusätzlichen Investitionsausgaben, die im Rahmen der Beteiligung an einem P4P Konzept getätigt werden, wie beispielsweise EDV-Software oder -Einrichtungen, berücksichtigen, und zum Anderen die Verhältnismäßigkeit der Zahlungen. Hierbei muss die Vergütung *„in der gleichen Größenordnung, wie die inkrementellen Kosten der Qualitätsverbesserungsmaßnahme, einschließlich der Opportunitätskosten (zum Beispiel Verdienstausfall durch die nicht mögliche Behandlung anderer Patienten in diesem Zeitraum) liegen.“*[51]

---

[50] Die angeführten Felder basieren auf internationalen Erfahrungen und sind zusammenfassend dargestellt. Ausführliche Erläuterungen und weiterführende Aspekte hierzu werden in Rosenthal, Dudley (2006)„Pay-for-Performance. Will the Latest Payment Improve Care?" beschrieben.
[51] SVR (2007), Nr. 733, nach Rosenthal, Dudley (2006).

Die Auswahl der Indikatoren, mit deren Hilfe die Qualität operationalisiert werden kann stellt den dritten Problembereich dar. Um eine valide und aussagekräftige Qualitätsmessung durchführen zu können, müssen die Indikatoren evidenzbasiert sein und anhand beziehungsweise entlang von Guidelines entwickelt werden.[52] Neben der ausführlichen Beschreibung der Qualitätsindikatoren in Kapitel 3.2 kann an dieser Stelle angefügt werden, dass bei der Auswahl von Indikatoren, sich die Kombination aus Prozess- und Ergebnisindikatoren in der Praxis als tauglich erwiesen hat. Daneben umfassen effiziente Indikatoren auch das Zusammenspiel von klinischen und administrativen Daten, um in der Bewertung reliable Aussagen machen zu können. Diese Aussagen sind nur dann als Qualitätsmaßstab herzunehmen, wenn ein Konsens über die Spezifizierung dieser Sollgrößen besteht. Daher müssen zuvorderst die jeweiligen Zähler- und Nennergrößen der Indikatoren detailliert beschrieben und definiert werden. Ferner muss erörtert werden, wie mit statistischen Ausreißern verfahren wird. Das heißt, inwieweit die Möglichkeit besteht, beispielsweise Patienten mit außergewöhnlichen Krankheitsverläufen außen vor zu lassen.[53]

Der Bereich der Anreizspezifikationen umfasst die Bewertungsgrundlage, von der die Vergütungshöhe abhängig gemacht wird. Hierbei können absolute und relative Schwellenwerte als Basis herangezogen werden. So können beispielhaft, nur diejenigen Leistungserbringer eine zusätzliche Vergütung erhalten, die oberhalb eines terminierten Grenzwertes liegen oder ein spezifisches Qualitätsmerkmal erreicht haben. Die relative Bewertung hingegen hat einen motivierenden Wettbewerbscharakter. In dieser Systematik erhalten beispielsweise die besten 20 Prozent eines Rankings eine zusätzliche Vergütung oder es wird die Verbesserung in Abhängigkeit des individuellen Ausgangswertes gemessen und entsprechend belohnt. Dadurch werden auch Wettbewerber am Ende eines Rankings motiviert, Anstrengungen in Richtung Qualitätsverbesserung zu legen.[54]

Die Implementierung des P4P Konzeptes in das deutsche Gesundheitswesen erfordert eine Berücksichtigung der oben ausgewählten Betrachtungsfelder. Ein weiterer wichtiger und nicht formaler Faktor ist die Akzeptanz durch die Beteiligten. Hierbei ist es wichtig, sowohl aus Leistungserbringersicht, als auch aus der

---

[52] Vgl. IOM (2003), S. 158.
[53] Vgl. Schrappe, Gültekin (2011), S. 111.
[54] Vgl. IOM (2007), S. 90 bis 92.

Sicht der Leistungsempfänger eine gewisse Akzeptanz gegenüber diesem System zu erfahren, um damit die Zielvorstellungen erreichen zu können. Erläuterungen hierzu sowie eine kritische Betrachtung zu diesem Sachverhalt sind Gegenstand des Kapitels 5.2. Neben den hier erwähnten Umsetzungsmodalitäten ist es relevant, den Aufbau und Wirkungszusammenhang einer solchen Vergütung zu verstehen. Aus diesem Grund wird im folgenden Kapitel die Konstitution dieses Konzeptes detailliert beschrieben.

2.4 Ziele und Aufbau des P4P Konzeptes

Dieses letzte Grundlagenkapitel gliedert sich in drei Abschnitte. Zu Beginn werden die Zielvorstellungen des P4P Konzeptes erläutert, um in den beiden darauf folgenden Kapiteln den Aufbau darzustellen. Hierbei wird in Kapitel 2.4.2 die Säule der erfolgsorientierten Vergütung und in Kapitel 2.4.3 die Säule des Public Reportings im Einzelnen behandelt.

2.4.1 Ziele des P4P Konzeptes

Das Vergütungssystem des Pay for Performance Konzeptes ist ein Anreizsystem, mit der Intention die Vertragspartner zu motivieren, um ex ante vereinbarte Ziele bestmöglich zu erreichen. Diese Ziele werden partizipativ zwischen den Leistungserbringern und den Leistungsfinanzierern definiert und nach der Leistungsverrichtung anhand des jeweiligen Erfüllungsgrades bewertet (Soll-Ist-Vergleich). In Folge einer qualitativ höheren Versorgung, auf Grund der materiellen und immateriellen Anreizsystematik des P4P Konzeptes, stellt sich idealerweise eine Verbesserung des Behandlungsergebnisses bei den Patienten ein. Hierbei muss die Annahme erfüllt sein, dass die Qualitätsunterschiede zwischen den Leistungserbringern objektiv messbar sind und die Zielvorstellungen auch methodisch und technisch erreicht werden können.[55] Daneben gibt es weitere Aspekte, die bei der Zielformulierung berücksichtigt werden müssen. So sind zentrale Messgrößen zu bestimmen, um in Abhängigkeit des Erfüllungsgrades, eine zusätzliche Vergütungshöhe oder die Reputation des Leistungserbringers determinieren zu können. Beispielhaft ist hier die klinische Performance oder die Patientenzufriedenheit zu erwähnen. Werte aus der evidenzbasierten Medizin, wie beispielsweise der HbA_{1c}-

---

[55] Vgl. Amelung (2012), S. 195.

14

Wert, der Aufschluss über die Blutzuckereinstellung der letzten Wochen eines Diabetespatienten gibt, liefern hierbei klinische Performancegrößen zur monetären Bewertung. Die Patientenzufriedenheit und der damit verbundene Einsatz von Informationstechnologien stellen wichtige nicht-monetäre Parameter zur Bewertung der Versorgungsqualität dar und sind in den Bereich des Public Reportings (Kapitel 2.4.3) einzuordnen.[56]

Diese Zielformulierungen finden im Rahmen des strukturellen Aufbaus des P4P Konzepts ihre Anwendung und stehen daher im Mittelpunkt der nachfolgenden Kapiteln. Neben dem allgemeinen Bestreben der Qualitätsverbesserung in der Gesundheitsversorgung werden weitere Funktionen mit dem performancebasierten Vergütungssystems begleitet und sollten bei der Formulierung der Ziele nicht unberücksichtigt bleiben. Ausgewählte Zielfunktionen, die in den monetären Bereich des P4P Aufbaus einzuordnen sind, werden im Folgenden beschrieben.

2.4.2 Erfolgsorientierte Vergütung

Im Allgemeinen lassen sich vier monetäre Zielfunktionen des P4P Konzeptes definieren, die auf Grund des Wandels im Gesundheitswesen dynamischen Veränderungen unterliegen und somit periodisch angepasst werden müssen.[57] Die folgende Abbildung stellt die vier Perspektiven gegenüber, welche im Anschluss zusammenfassend erläutert werden.

Abbildung 2: Zielfunktionen des P4P Konzeptes[58]

---

[56] Vgl. Amelung (2012), S. 196 bis 197.
[57] Vgl. Amelung, Zahn (2009), S. 12.
[58] Quelle: Eigene Darstellung in Anlehnung an Amelung (2009), S. 8.

Das P4P Konzept muss finanzielle Anreize enthalten, welches den Leistungsempfänger dazu motiviert die Leistungsqualität zu erhöhen und Kosten zu senken. Diese Steuerungs- und Anreizfunktion erfüllt die Forderung, Behandlungen wirtschaftlich und bedarfsgerecht durchzuführen. Daher stellt diese Funktion einen wichtigen Aspekt dar, um Entgeltempfänger zielgerichtet zu dirigieren. Um gleichzeitig eine finanzielle Gerechtigkeit zu gewährleisten, obliegt dieses Vergütungskonzept der zweiten Perspektive, der Verteilungsfunktion. Hierbei wird ein faires Verhältnis zwischen den Aufwendungen der Leistungsfinanzierer und den Einkommen von Anbietern von Gesundheitsleistungen postuliert. Ein eventuell entstehendes Finanzierungsrisiko ist vorab durch klar definierte Vergütungsrichtlinien zu regulieren. Wie angesprochen unterliegen die Zielfunktionen einer gewissen Dynamik, welche die Perspektive des Innovationspotentials impliziert. Die Entwicklung neuer Diagnose- und Therapieverfahren fördert die Zielvereinbarungen, die Wirtschaftlichkeit und Qualität der Versorgung im Wandel des Gesundheitswesens zu fokussieren. Die Anwendung neuer pharmazeutischer Produkte und die Erforschung alternativer Behandlungsmethoden unterstreichen das Ziel der Innovationsfunktion und dem damit verbundenen Kostensenkungspotential. Neben diesen dreien beschreibt die letzte Dimension die Praktikabilität. Um ein erfolgsorientiertes Vergütungskonzept im Gesundheitssystem etablieren zu können, bedarf es zuvor einer gewissen Akzeptanz seitens der Leistungserbringer. Aspekte der Einfachheit, Widerspruchsfreiheit und Transparenz, auch in Hinblick auf Kompensationszahlungen, sind Parameter, unter denen eine erfolgreiche Implementierung durchgeführt werden kann. Für den Anbieter von Gesundheitsleistungen steht die Praxistauglichkeit und Handhabung im Vordergrund, sodass diese letzte Zielfunktion neben seiner hohen Relevanz für das P4P Konzept, auch gleichzeitig eine große Herausforderung darstellt.[59] Diese Herausforderung und die Harmonisierung der unterschiedlichen Zielfunktionen müssen im Rahmen des strukturellen Aufbaus dieser ersten Säule Berücksichtigung finden. Wie einleitend dargestellt, besteht das performanceorientierte Vergütungskonzept wesentlich aus zwei Säulen. Eine erfolgreiche Umsetzung des P4P Konzeptes erfordert neben der finanziellen Anreizwirkung, auch nicht-monetäre Aspekte, die nachfolgend erklärt werden.

---

[59] Vgl. Amelung, Zahn (2009), S. 13 bis 14.

2.4.3 Public Reporting

In Kapitel 2.1 wurde „Public Disclosure" als Vorreiter des P4P Konzeptes beschrieben. Im Detail geht es darum, das Wirkungsprinzip von „Public Disclosure" zum Teil in das P4P Konzept zu transferieren. In dieser zweiten Säule der erfolgsorientierten Vergütung wird die Veröffentlichung von Qualitätsdaten zum Gegenstand der Betrachtung. Das Public Reporting beschreibt dabei den Zusammenhang zwischen dem immateriellen Vergütungsanreiz und der damit verbundenen Qualitätsverbesserung im Gesundheitswesen. Hierbei wird versucht, die Qualifikation und Leistungsfähigkeit eines Anbieters von Gesundheitsleistungen transparent und öffentlich darzulegen. Auf Grundlage von Auszeichnung, Anerkennung, Lob oder Wertschätzung wird auf nicht-monetäre Weise, indirekt Einfluss auf die Behandlungsqualität genommen.[60] Diese Wirkungsweise umfasst zwei wesentliche Funktionen, die neben der Verbesserung der Versorgungsqualität, dem P4P Konzept einen Wettbewerbscharakter verleiht.

Die erste Funktion setzt den Patienten in den Mittelpunkt der Betrachtung. Durch Veröffentlichung der Leistungsdaten, beispielsweise niedergelassener Ärzte, erhält der Patient eine gewisse Freiheit und Transparenz bei der Wahl, den für ihn adäquatesten Leistungserbringer. Dadurch werden Autonomie und Selbstbestimmungsrecht der Patienten gestärkt, was impliziert, dass sie beispielsweise aktiv an Therapieentscheidungen teilnehmen können.[61] Dies führt zu einem Wettbewerb um positive Reputationen unter den Anbietern von Versorgungsleistungen. So vermeiden es beispielsweise niedergelassene Ärzte, schlechte oder dem Ruf schädigende Bewertungen zu erhalten, weil dadurch die Wahrscheinlichkeit steigt, dass potentielle Patienten und das damit verbundene Einkommen ausbleiben.[62]

Neben der Entscheidungshilfe für Patienten übernimmt die Veröffentlichung von Qualitätsdaten eine weitere wichtige Funktion ein. Mit Hilfe der Veröffentlichung kann ein externer Qualitätsvergleich unternommen werden. Durch diese Gegenüberstellung sollen die Leistungsanbieter angereizt und motiviert werden, weiterhin Energie und Engagement in die Steigerung der Versorgungsqualität zu legen. Diese Art von Benchmarking fördert das Bestreben, die eigenen Aktivitäten im

---

[60] Vgl. Amelung, Zahn (2009), S. 12.
[61] Vgl. Amelung (2012), S. 205 und SVR (2007), Nr. 695.
[62] Vgl. Gruhl (2011), S. 43.

Bereich der Qualitätsentwicklung und -verbesserung zu erhöhen.[63] Damit auf Grund einer qualitativ hochwertigen Behandlung eine positive Patientenzufriedenheit resultieren kann, bedarf es zuvorderst einer umfangreichen Berichterstattung, damit der potentielle Patient den passendsten Anbieter aufsuchen kann. Derzeit gibt es keine zentrale Anlaufstelle beziehungsweise Plattform, die eine sektorenübergreifende Qualitätsauskunft liefert. Umfangreiche Informationen über Qualität und Leistungsfähigkeit einzelner Leistungsanbieter erhält der Patient aber beispielsweise durch onlinebasierte Bewertungsportale oder durch Ärztelisten. Die Focus-Ärzteliste stellt hierbei eine wichtige Informationsressource dar, in der sich der Patient zum Beispiel, selbstständig über Behandlungsleistungen erkundigen kann. Sie umfasst 1.500 Spezialisten aus 24 Fachgebieten und liefert Informationen über die Empfehlungsrate, die Spezialisierungsrichtung und über das Qualitätsmanagement eines ausgewählten Arztes.[64] Die mitterlweile auch als Smartphone App erhältliche Focus-Ärzteliste stellt somit einen richtungsweisenden Schritt der Leistungstransparenz dar.[65]

Durch die kombinierte Anwendung von materiellen und immateriellen Anreizen in Form von zusätzlicher Vergütung und Reputationsveröffentlichung besteht die Möglichkeit, trotz der ärztlichen Behandlungsfreiheit, das Ziel der Qualitätsverbesserung in den Fokus der Gesundheitsversorgung zu rücken. Grundlage für eine erfolgreiche Messung des erbrachten Outcomes stellen jedoch einheitlich operationalisierte Qualitätsindikatoren dar, welche ex ante determiniert werden müssen.[66] Diese Thematik und ihre Relevanz zur Qualitätsmessung ist Gegenstand des nächsten Kapitels.

---

[63] Vgl. Geraedts u.a. (2009), S. 232 bis 233.
[64] Vgl. Emmert (2008), S. 263 bis 265.
[65] Vgl. Fleschner (2012), S. 1.
[66] Vgl. Burgdorf u.a. (2009), S. 1.

3 Qualitätsmessung im Rahmen des P4P Ansatzes

In den vorherigen Kapiteln wurde vereinzelt auf die Problematik der objektiven und angemessenen Qualitätsmessung von Versorgungsleistungen hingewiesen. Die Auswahl der richtigen Bewertungsparameter unter Berücksichtigung der Erfordernisse im Gesundheitswesen stellt hierbei eine große Herausforderung dar. Bevor auf das klassische Modell von Qualitätsindikatoren nach Avedis Donabedian eingegangen werden kann, werden zunächst die Voraussetzungen und Strukturen von Bewertungsgrößen in ihrer allgemeinen Art beschrieben.

3.1 Rahmenbedingungen und Voraussetzungen von Qualitätsindikatoren

Im Jahr 1990 veröffentlichte das „Institute of Medicine" einen Bericht über die Qualitätssicherung im amerikanischen Medicare[67] Programm und definierte darin die Begrifflichkeit der Qualität im gesundheitsökonomischen Verständnis. Darin wird Qualität als ein Grad definiert, mit dem die Wahrscheinlichkeit erwünschter Behandlungsergebnisse bei der Gesundheitsversorgung von Leistungsempfängern steigt.[68] Um diese Qualität ermitteln, vergleichen oder sogar verbessern zu können, werden spezifische Messgrößen benötigt. Im Rahmen zahlreicher Interpretationsansätze haben sich die so genannten „Qualitätsindikatoren" als praxistaugliche Bewertungs- und Darstellungsinstrumente herauskristallisiert. Qualitätsindikatoren sind somit Kennzahlen, mit deren Hilfe Versorgungsleistungen durch Zahlen oder Zahlenverhältnisse indirekt abgebildet werden können.[69] Sie können damit Aussagen über die Struktur-, Prozess- und Ergebnisqualität treffen und unterstützen zudem das Feld der Qualitätsförderung. Eine ausführliche Erläuterung dieser drei Perspektiven ist Gegenstand des Kapitels 3.2.

Die Qualitätsmessung im Gesundheitswesen unterliegt gewissen Voraussetzungen, damit überhaupt auf Grundlage eines solchen Systems eine genaue Bewertung von Versorgungsleistungen vorgenommen werden kann. Zu Beginn muss daher ein Konsens darüber gefunden werden, „was" und „wie" gemessen werden soll. Das

---

[67] Medicare ist die öffentliche und behördliche Krankenversicherung im Gesundheitssystem der Vereinigten Staaten von Amerika. Vornehmlich für Personen, die älter sind als 65 Jahre oder unter spezifischen Erkrankungen, wie beispielsweise akutes Nierenversagen, leiden. Vgl. Medicare (2012).
[68] Vgl. Lohr, Schroeder (1990), S. 707.
[69] Vgl. Diel (2009), S. 1286.

„was" umschreibt hierbei die Festlegung der zu bewertenden Zielgrößen. Dabei geht es vornehmlich um die Auswahl von ökonomischen Effizienzgrößen, auf deren Grundlage die zusätzliche Vergütung berechnet werden kann.[70] Aus der Sicht des Qualitätsmanagements geschieht dies mit Hilfe von *„Sensoren, die an neuralgischen Punkten (..) betrieblicher Prozesse angebracht sind"*[71] und kontinuierlich Informationen über den Outcome liefern. Solche Sensoren sind zumeist patientenbezogene Parameter wie beispielsweise, Zufriedenheit der Leistungsempfänger, spezifische Behandlungskosten oder zeitlicher Umfang einer bestimmten Indikation.[72] Des Weiteren muss auch der dynamische Gesichtspunkt bei der Bestimmung der Zielgrößen beachtet werden. So müssen determinierte Kennzahlen regelmäßig analysiert und periodisch evaluiert werden, um eine reliable Bewertung des Outcomes im Zeitablauf möglich zu machen.

Der zweite entscheidende Aspekt ist die Beantwortung der Frage, „wie" die erbrachte Leistung gemessen werden kann. Bei dieser Fragestellung gibt es im Allgemeinen fünf Methoden, mit deren Hilfe der Grad einer Versorgungsleistung ermittelt werden kann. Die folgende Übersicht stellt diese Möglichkeiten zusammenfassend dar.

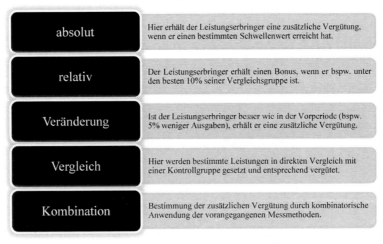

Abbildung 3: Messmethoden[73]

---

[70] Vgl. Amelung, Zahn (2009), S. 27.
[71] Spindler (1999), in Braun (1999), S. 682.
[72] Vgl. Amelung, Zahn (2009), S. 27.
[73] Quelle: Eigene Darstellung in Anlehnung an Amelung, Zahn (2009), S. 28 und Cromwell u.a. (2011), S. 46 bis 49.

Unabhängig von der Wahl der Messmethode müssen humanbedingte und sozio-demografische Einflussfaktoren berücksichtigt werden, die eine Verfälschung des medizinischen Handlungsbedarfes einer Person suggerieren. Hierbei besteht die Möglichkeit harte und weiche Faktoren bei der Datenerhebung in Betracht zu ziehen. Um eine mögliche Varianz ökonomischer Zielparameter zu beseitigen, müssen neben der technischen Kennzahlenerhebung, auch individuelle und regel-mäßig auftretende Patientenbefragungen in die Bewertung von Gesundheitsleis-tungen mit einfließen.[74]

Die zentrale Schwierigkeit bei der Qualitätsmessung stellt die objektive Bestim-mung von passenden Qualitätsindikatoren dar. Auf Grund der Herausforderung der Datensparsamkeit ist es schwierig mit nur wenigen Indikatoren aussagekräfti-ge Bewertungen über Versorgungsleistungen machen zu können. Daher ist es wichtig, dass unter Anderem, Aspekte wie Patientensicherheit, Vorhersagbarkeit oder Anpassungsfähigkeit bei der Festlegung und Entwicklung von Qualitätsindi-katoren berücksichtigt werden.[75] Ein erfolgreicher Versuch, der sektoren- und indikationsübergreifenden Bestimmung von Messgrößen stellt das Modell von Avedis Donabedian dar. Im nachfolgenden Kapitel wird dieses klassische Modell mit seinen Eigenschaften erläutert.

3.2 Qualitätsindikatoren nach Avedis Donabedian

Professor Avedis Donabedian wurde zu Beginn des 20. Jahrhunderts im Libanon geboren[76] und studierte dort an der American University of Beirut, Medizin. Nach dem 2. Weltkrieg ging er, auf Grund der Unruhen im Mittleren Osten, ins Exil in die Vereinigten Staaten und kam dort erstmalig mit der Thematik der Versor-gungsqualität in Kontakt. An der University of Michigan bekam er von Dr. Rosen-feld die Forschungsaufgabe, die bisher veröffentlichten Studien zum Qualitätsbe-griff zu untersuchen. Nach einer sechsmonatigen Bearbeitungsphase veröffentlich-te Avedis Donabedian 1966 seine Ergebnisse im „Milbank Memorial Fund Quarterly" und definierte darin den Begriff der Qualitätsmessung als den Überein-stimmungsgrad zwischen Zielen des Gesundheitswesens und der tatsächlich er-brachten Versorgungsleistung.[77] In diesem Modell differenziert Avedis Donabedi-

---

[74] Vgl. Amelung, Zahn (2009), S. 37 bis 38.
[75] Vgl. ebd., S. 40.
[76] Professor Avedis Donabedian (*1919; †2000), vgl. Suñol (2000), S. 451.
[77] Vgl. Suñol (2000), S. 452.

an die Qualität in drei Dimensionen, um sie dadurch besser darstellen und definieren zu können. Diese Gliederung in Form von

- Strukturqualität
- Prozessqualität und
- Ergebnisqualität[78]

gilt als klassisches Modell der Qualitätsmessung und ist auf Grund seiner guten und logischen Argumentationssystematik allgemein akzeptiert und anerkannt.[79] Diese drei Qualitätsindikatoren sind verlässliche Parameter, mit denen eine Versorgungsleistung gemessen und bewertet werden kann, um sie anschließend entsprechend erfolgsabhängig vergüten zu können. Neben diesen klassischen Indikatoren gibt es zahlreiche Weiterentwicklungen im Bereich der Qualitätsmessung, mit dem Ziel einer objektiven und fairen Operationalisierung der Versorgungsleistung. Ausgewählte Indikatorenprogramme und ihre Anwendung im Bereich der ambulanten Versorgung sind Gegenstand des anschließenden Kapitels. In Deutschland prüft beispielsweise der „Medizinische Dienst der Krankenversicherung" (MDK) auf Grundlage des Qualitätsmodells nach Avedis Donabedian, jährlich ausgewählte Einrichtungen im Rahmen der Qualitätssicherung. Hierbei legt der MDK seinen Fokus vor allem auf den Indikator der Ergebnisqualität, um Einrichtungen der ambulanten Pflege zu akkreditieren oder zu rezertifizieren.[80] Bevor die Eigenschaften der Ergebnisqualität weiter dargestellt werden können, werden zuvor die beiden anderen Qualitätsmerkmale in ihren Eigenschaten beschrieben.

Strukturqualität

Die Strukturqualität umfasst die organisatorischen und physischen Voraussetzungen, die vorhanden sein müssen, damit etwas regelgerecht und adäquat bewerkstelligt werden kann.[81] Die Merkmale dieses Indikators umfassen personelle, materielle und systematische Elemente der Gesundheitsversorgung. Dabei werden die Leistungserbringer beispielsweise anhand des Ausbildungstandes, der zusätzlichen Qualifikationen oder anhand ihrer Ausstattung an medizinischen Gerät-

---

[78] Vgl. Donabedian (1980), S. 79.
[79] Vgl. Hämmerle u.a. (2006), S. 3.
[80] Vgl. MDK (2008), S. 26.
[81] Vgl. GBE (2006), S. 172.

schaften bewertet. Finanzielle und infrastrukturelle Ressourcen, wie verwaltungstechnische Betriebsmittel oder die Art der Trägerstruktur werden ebenfalls evaluiert.[82] Hierbei kann ein niedergelassener Arzt eine hohe Bewertung erhalten, wenn er zum Beispiel medizintechnisch auf dem neusten Stand ist oder EDV-spezifische Ressourcen für die elektronische Gesundheitskarte vorhält. Im Rahmen des P4P Ansatzes ist dieser Indikator als „Pay for Quality" zu verstehen und unterstreicht damit die Prämissen einer optimalen Patientenversorgung.[83] Die Elemente der Strukturqualität sind einfach zu operationalisieren, da sie größtenteils technisch und widerspruchsfrei evaluiert und abgebildet werden können. Da innovative Gerätschaften, hochqualifizierte Leistungserbringer und optimale infrastrukturelle Ressourcen positiv mit dem Behandlungsergebnis korrelieren, ist die Strukturqualität als rahmenspezifischer Grundindikator zu verstehen.[84] Einer Verbesserung dieser medizinischen Voraussetzungen folgt idealerweise eine Verbesserung des Behandlungserfolges, sodass die beiden anderen Qualitätsindikatoren erst im Nachzug eruiert werden können.

Prozessqualität

Die Prozessqualität ist unter dem Verständnis des P4P Ansatzes als „Pay for Transparency" zu verstehen und bezieht sich auf die Messung und Bewertung von Abläufen.[85] Dieser Indikator misst alle Behandlungsschritte und Maßnahmen, die im Rahmen einer Patientenversorgung getroffen oder nicht getroffen werden und evaluiert, inwieweit Behandlungen regelgerecht und adäquat durchgeführt werden.[86] Dieser Qualitätsindikator bewertet die einzelnen Prozessschritte und vergleicht diese mit den vorgegebenen Erfolgskriterien (Soll-Ist-Vergleich). Hierfür sind Guidelines beziehungsweise Checklisten notwendig, an denen systematisch der Grad der Zielerreichung gemessen werden kann. Eine hohe Prozessqualität eines Leistungserbringers wird dadurch erreicht, dass die diagnostischen und therapeutischen Behandlungsmaßnahmen, den anerkannten Richtlinien sowie den praktischen Erfahrungen in der medizinischen Versorgung entsprechen. Des Weiteren ist auch der Umfang der wechselseitigen Kooperation und Kommunikation

---

[82] Vgl. Badura (1995), S. 55.
[83] Vgl. Munte (2010), S. 18.
[84] Vgl. Viethen (1995), S. 14 bis 15.
[85] Vgl. Munte (2010), S. 18.
[86] Vgl. GBE (2006), S. 172.

zwischen behandelnden Ärzten und Patienten für die Bestimmung der Prozessqualität entscheidend.[87] Dieser Indikator ist ein notwendiges Mittel bei der Bewertung von Versorgungsleistungen und die damit verbundene zusätzliche Vergütung im Rahmen der Qualitätsverbesserung im Gesundheitswesen. Die Prozessqualität ist als Bindeglied zwischen Struktur- und Ergebnisqualität zu verstehen und kann somit nur in Verbindung mit diesen beiden eine verlässliche und objektiv begründbare Aussage über die Qualität einer medizinischen Behandlung tätigen. Obwohl in der Praxis eine solche Korrelation nicht immer offensichtlich ist, ist davon auszugehen, dass nur unter Beachtung aller Indikatoren eine effektive Evaluierung der Leistungserbringer durchgeführt werden kann.[88]

Ergebnisqualität

Der Indikator der Ergebnisqualität ist der wichtigste Maßstab zur Beurteilung von Versorgungsleistungen, da er das tatsächlich erreichte Behandlungsziel misst. Hierbei steht der Gesundheitszustand des Patienten im Fokus und es wird evaluiert, inwieweit sich beispielsweise die Lebensqualität oder die Zufriedenheit der Patienten auf Grund der medizinischen Behandlungen verbessert haben.[89] Im Sinne von „Pay for Outcome", bewertet dieser Qualitätsindikator den finalen Zielerreichungsgrad einer therapeutischen Behandlung und stellt zugleich auch die größte Herausforderung der Operationalisierung der Versorgungsleistung dar.[90] Die Vermeidung von Behandlungsfehlern, erneute Eingriffe oder Komplikationen während der Behandlung sowie die Interaktion zwischen Patient und Leistungserbringer gehen ebenfalls in die Bewertung mit ein und bilden den Outcome ab. Hierbei müssen Messungenauigkeiten auf Grund von Komorbiditäten oder auf Grund des individuellen Patientenverhaltens, welches direkten Einfluss auf die Therapie haben, berücksichtigt werden. Ein Ausschluss solcher Störgrößen kann tendenziell nicht gewährleistet werden. Die verknüpfende Anwendung der einzelnen Indikatoren ermöglicht jedoch eine valide Darstellung des Behandlungsergebnisses.

Auf Grundlage dieses klassischen Qualitätsindikatorenmodells nach Avedis Donabedian ist es allgemein möglich, Leistungserbringer performancebasiert zu

---

[87] Vgl. Hämmerle u.a. (2006), S. 5.
[88] Vgl. Zollondz (2006), S. 162 und Donabedian (1980), S. 83 bis 84.
[89] Vgl. GBE (2006), S. 172.
[90] Vgl. Munte (2010), S. 18.

vergüten. Der Notwendigkeit einer indikations- und sektorenspezifischen Anpassung der Indikatoren wird im Rahmen von individuellen Bewertungsprogrammen Rechnung getragen. Im folgenden Kapitel werden hierzu ausgewählte Programme im deutschen Gesundheitssystem dargestellt und ausführlich erläutert.

4 Ausgewählte Indikatorenprogramme im deutschen Gesundheitssystem

Die Messung einer medizinischen Leistung findet durch unterschiedliche Methoden statt. Einen Konsens bilden die verschiedenen Programme darüber, dass mit Hilfe von vordefinierten Parametern eine Versorgungsleistung gemessen und bewertet werden kann. Mittlerweile gibt es zahlreiche Organisationen, die ihre eigenständigen Indikatorenprogramme verfolgt haben und weiterentwickeln. Neben den SQG Indikatoren und beispielsweise der QS-Reha für Deutschland, gibt es auch auf internationaler Ebene weitere erfolgreiche Programme.[91] Dieses Kapitel widmet sich zwei ausgewählten Projekten aus dem deutschen Gesundheitssystem. In Kapitel 4.1 wird das „Qualitätsindikatorensystem für die ambulante Versorgung" (QiSA) expliziert und in Kapitel 4.2 das Projekt „Ambulante Qualitätsindikatoren und Kennzahlen" (AQUIK).

4.1 Das Qualitätsindikatorensystem für die ambulante Versorgung

4.1.1 Entstehung und Zieldimensionen von QiSA

Im Rahmen der gesetzlichen Möglichkeiten durch neue Vergütungsformen und durch die richtungsweisende Stellungnahme des SVR, zum Thema Qualitätssicherung im Gesundheitswesen[92], wuchs das Bestreben neue Formen und Projekte zum Thema Qualitätstransparenz zu entwickeln und zu etablieren. So präsentierte das AQUA Institut[93] im Jahr 2002, im Auftrag des AOK-Bundesverbandes, die „Qualitätsindikatoren der AOK für Arztnetze", welches eine wesentliche Innovation im deutschen Gesundheitssystem darstellte. Ziel war der Aufbau von Arztnetzen mit eigenem Qualitätsmanagement und Budgetverantwortung, um damit der Forderung nach Transparenz und Qualitätsverbesserung nachzukommen.[94] Dieses

---

[91] Das „Ärztliche Zentrum für Qualität in der Medizin" (ÄZQ) als gemeinsame Einrichtung der „Bundesärztekammer" (BÄK) und der „Kassenärztlichen Bundesvereinigung" (KBV), bietet auf ihrer Internetseite http://www.leitlinien.de einen umfassenden Informations- und Recherchedienst über nationale und internationale Indikatorenprogramme.

[92] Vgl. Kapitel 2.2.

[93] Das AQUA Institut (Institut für angewandte Qualitätsförderung und Forschung im Gesundheitswesen) wurde im Jahr 1995 als anwendungsbezogenes Beratungs- und Forschungsunternehmen gegründet. Diese Organisation mit Sitz in Göttingen, arbeitet an der praxisorientierten und strukturierten Qualitätsförderung des Gesundheitswesens und entwickelt in Zusammenarbeit mit Universitäten und Vertretern der nationalen und internationalen Gesundheitssystemen versorgungsrealistische und praxistaugliche Qualitätskonzepte. Vgl. AQUA (2012).

[94] Vgl. Szecsenyi u.a. (2003), S. 18.

Projekt umfasste über 130 evidenzbasiert hergeleitete Indikatoren, die einen großen Teil der hausärztlichen Versorgung abdeckten. Das System beinhaltete Indikatoren zu häufigen Krankheiten, zu Präventionsmaßnahmen oder zu Arzneimittel-
verordnungen, im niedergelassenen Bereich.[95] Dieses Projekt wurde im Rahmen
von Pilotversuchen in unterschiedlichen Ärztegruppen eingeführt und ausführlich
evaluiert, um dadurch eine Grundlage für die praktische Erprobung über die Arbeit mit Indikatoren zu erhalten. Die große Nachfrage nach praxiserprobten Indi-
katorensystemen, seitens Wissenschaftlern und Vertretern aus dem Gesundheitswesen oder der Pharmaindustrie, führte dazu, dass sich die AOK und das AQUA
Institut entschlossen, eine aktualisierte und überarbeitete Version zu veröffentlichen. Der Prototyp „Qualitätsindikatoren der AOK für Arztnetze" wurde damit im
Jahr 2009 durch das „Qualitätsindikatorensystem für die ambulante Versorgung"
(QiSA) abgelöst. Im Gegensatz zum Vorgänger umfasst QiSA weitere Module,
wie beispielsweise palliative Betreuung oder Multimorbidität, die unter dem Aspekt des demografischen Wandels und der fortschreitenden gesundheitspolitischen
Diskussion an Relevanz gewinnen. Zudem erstreckt sich QiSA über den Bereich
der niedergelassenen Ärzte hinaus und findet unter Anderem auch im Bereich der
hausarztzentrierten oder integrierten Versorgung Anwendung.[96] Neben der evidenzbasierten Herleitung der Indikatoren, stützt sich QiSA auf eine breite Grundlage aus Praxiswerten sowie klinischen oder Arzneimitteldaten. Es stellt ein System von Indikatoren dar, sodass es für die ambulante Versorgung im Ganzen
anwendbar ist und sich damit populationsadjustiert sowohl auf Arztpraxen, als
auch auf regionale Versorgungskonzepte konzentrieren kann. Dieses Indikatorenprogramm verfolgt damit das Ziel, den niedergelassenen Ärzten ein präzises Feedback über ihre Behandlungsmethoden und -erfolge zu geben, um damit konkrete
Ansatzpunkte für Optimierungspotenziale aufzuzeigen.[97] Unter dem Leitbegriff
der Qualitätstransparenz im gesundheitsökonomischen Diskurs stellen diese Indikatoren ein probates Mittel eines öffentlich verfügbaren Bewertungssystems dar.
Die Kombination aus externer und interner Qualitätstransparenz unterstreicht die
methodische Intention des P4P Ansatzes, die Leistungserbringer motivational zu
steuern. Mit Hilfe der Veröffentlichung von Qualitätsdaten soll aktiv Einfluss auf

---

[95] Vgl. Stock, Szecsenyi (2007), S. 97.
[96] Vgl. Szecsenyi u.a. (2009b), S. 8.
[97] Vgl. ebd., S. 5 bis 6.

das Handeln der Akteure zur Verbesserung der Versorgungsleistungen genommen werden. Bei der internen Qualitätstransparenz geht es um die regelmäßige Offenlegung von Qualitätsdaten für einen ausgewählten Adressatenkreis. So werden beispielsweise innerhalb eines medizinischen Versorgungszentrums, Einzelheiten zu Behandlungsergebnissen auf nicht-anonymisierte Weise veröffentlicht. Inmitten dieser Versorgungsform bestehen dadurch Ansatzpotentiale zur Verbesserung der Steuerung oder zur Förderung der Qualitätsentwicklung. Umsetzungsmodalitäten können hierbei individuelle Feedbackberichte in Fachkreisen sein oder performancebasierte Vergütungselemente, wie zum Beispiel in Form einer zusätzlichen monetären Entlohnung. Die Form der externen Qualitätstransparenz wurde schon in Kapitel 2.4.3 ausführlich erläutert und beschreibt die Veröffentlichung von Qualitätsdaten in allgemein zugänglichen Medien. Hier werden ebenfalls auf nicht-anonymisierte Weise Daten von niedergelassenen Leistungserbringern publiziert, um damit den Erwartungsdruck auf Ärzte, ihre Qualitätswerte zu verbessern, zu erhöhen.[98]

Das „Qualitätsindikatorensystem für die ambulante Versorgung" setzt damit einen Standard in der Bestimmung der Behandlungsqualität im niedergelassenen Bereich und ist daher als praxisrelevant anzusehen. Der methodische Aufbau der Qualitätsindikatoren sowie das Themenspektrum der Module sind Gegenstand des folgenden Kapitels.

4.1.2 Methodik und Module von QiSA

Die grundlegende Methodik der Qualitätsindikatoren in der ambulanten Versorgung ist mit dem klassischen Modell nach Avedis Donabedian identisch. Wie in Kapitel 3.2 werden hierfür die Dimensionen der Struktur-, Prozess- und der Ergebnisqualität in den Fokus gerückt. Neben dieser individuellen aus Nutzersicht bezogenen Betrachtungsweise einer Versorgungsleistung, erweitert QiSA die Trilogie um zwei weitere Aspekte. Die Dimension der Gerechtigkeit beschreibt dabei, ob und inwieweit ein potentieller Patient in Abhängigkeit seiner Diagnose, eine entsprechende und notwendige Versorgung erhält. Ein weiterer Qualitätsindikator ist der Aspekt der Effizienz, der das betriebswirtschaftliche Kalkül im Rahmen von Kosten-Nutzen-Überlegungen eruiert.[99] Neben diesen allgemeinen Ei-

---

[98] Vgl. Szecsenyi u.a. (2009b), S. 11 bis 14.
[99] Vgl. ebd., S. 22 bis 23.

genschaften der Qualitätsindikatoren unterliegt das QiSA Projekt einem dynamischen Fortschritt, was dazu führt, dass kontinuierlich auf evidenzbasierter Grundlage, unter Zuhilfenahme der Erfahrungen aus dem Praxisalltag, nach weiteren Indikatoren gesucht und geforscht werden muss. Die bisher veröffentlichten Module im Rahmen des QiSA Projektes, werden wie folgt dargestellt.

BAND A: QiSA stellt sich vor

BAND B: Allgemeine Qualitätsindikatoren

BAND C: Indikationsbezogene Module

- **C1**: Asthma/ COPD
- **C2**: Diabetes mellitus Typ 2
- **C3**: Bluthochdruck
- **C4**: Rückenschmerzen
- **C5**: Alkoholmissbrauch *(in Bearbeitung)*
- **C6**: Depression *(in Bearbeitung)*
- **C7**: Koronare Herzerkrankung *(in Bearbeitung)*
- **C8**: Herzinsuffizienz *(in Bearbeitung)*

BAND D: Pharmakotherapie

BAND E: Prävention

- **E1**: Primärprävention
- **E2**: Krebsfrüherkennung

BAND F: Weitere Versorgungsbereiche

- **F1**: Hausärztliche Palliativversorgung
- **F2**: Multimorbidität *(in Bearbeitung)*

Abbildung 4: QiSA Module[100]

---

[100] Quelle: Eigene Darstellung in Anlehnung an Szecsenyi u.a. (2009b), S. 7.

Abbildung 4 zeigt die aktuellen Module in ihrem systematischen Gesamtzusammenhang. Jedes Modul befasst sich mit einem einzelnen Bereich der Versorgung und ist als eigener Band veröffentlicht. Die Module unterliegen einer gewissen Bearbeitungs- und Aktualisierungssystematik, was dazu führt, dass sie in unterschiedlichen Lieferungen (Tranchen) zur Verfügung stehen. Allgemein betrachtet, decken diese ausgewählten Module die wesentlichen Bereiche in der ambulanten Versorgung ab, wenngleich die Möglichkeit für Erweiterungen, wie beispielsweise für die Versorgung von Kindern, besteht.[101] Im jeweiligen Modul lässt sich zu einer ausgewählten Erkrankung ein entsprechendes Indikatorenset finden, welches auf Grundlage des aktuellen Wissenstandes die entsprechend notwendige Diagnostik und Therapie, qualitativ und komprimiert beschreibt. So beinhalten diese Sets beispielsweise Indikatoren zur Häufigkeit der Diagnose, zu Art und Weise der Diagnostik und Therapie oder auch Weiterqualifizierungsmaßnahmen, wie Patientenschulungen oder Qualitätszirkel für das medizinische Personal. Bei der Determinierung von Qualitätsindikatoren müssen zudem Überlegungen über den Grad der Messgüte sowie über die Implementierungsfähigkeit in das Qualitätsmanagement getätigt werden.[102] Diese und weitere Voraussetzungen werden in Kapitel 4.1.4 erläutert.

4.1.3 Einsatzfelder von QiSA

Die Nutzungsmöglichkeiten des „Qualitätsindikatorensystems für die ambulante Versorgung" gehen über die originären Anwendungsmethoden, wie sie 2009 beabsichtigt waren hinaus. Weiterentwicklungen, wie beispielsweise „QuE" im Praxisnetz Nürnberg Nord, nutzen neben den Grundlagen des QiSA Programms selbst entwickelte Qualitätsmanagementindikatoren.[103] So stehen zum Teil nicht medizinische Ergebnisparameter, aus denen Rückschlüsse auf die Qualität der therapeutischen Versorgungsleistungen gezogen werden können, im Mittelpunkt, sondern Indikatoren, die sich auf das regionale Versorgungsmodell und die dabei beobachtbaren Maßnahmen und Ergebnisse im Bereich der Management- und Organisationsaufgaben beziehen. Infolgedessen widmet sich Band B, des QiSA Programms dieser Thematik und ist somit vom klassischen Indikationsbereich in

---

[101] Vgl. Szecsenyi u.a. (2009b), S. 6.
[102] Vgl. ebd., S. 28 bis 29.
[103] Vgl. Wambach (2012), S. 1.

den Bänden C bis E zu trennen.[104] Zusammenfassend werden bei diesem Einsatzfeld die Nachweisbarkeit der Qualität, in Bezug auf einen besseren Outcome, auf die Wirtschaftlichkeit und auf die Patientenorientierung in den Fokus der Betrachtung gerückt. Allgemein lassen sich die wesentlichen Einsatzfelder von QiSA wie folgt definieren.

- Allgemeine Qualitätsdarlegung
- Internes Qualitätsmanagement
- Externe Qualitätsbewertung

Neben der allgemeinen Beschreibung und Darlegung der Versorgungsqualität gegenüber den Krankenkassen oder der Öffentlichkeit geht es auch um Verbesserungsmaßnahmen im intraorganisatorischen Qualitätsmanagement einer Versorgungsform und dem damit verbunden Wettbewerbscharakter in Folge von Benchmarking oder Ranking.[105] Im Folgenden werden zwei kurze Beispiele für wesentliche Einsatzfelder von QiSA gegeben.

Qualitätsdarlegung im Qualitätsbericht

Qualitätsdokumentationen oder -protokolle sind nur im stationären Bereich vorgeschrieben, wohingegen im ambulanten Bereich bis dato keine gesetzliche Verpflichtung zur Berichterstattung besteht. Auf Grund des aufwendigen Datenumfanges und des damit verbundenen Ressourceneinsatzes sind solche Qualitätsberichte im niedergelassenen Bereich nicht vorgesehen. Auf freiwilliger Basis besteht allerdings die Möglichkeit auf Ebene von Versorgungsmodellen, wie Arztnetze oder medizinische Versorgungszentren, durchgeführte Qualitätsmaßnahmen sowie Informationen zu den teilnehmenden Leistungserbringern, in Form eines Berichtes zu veröffentlichen. Hierbei werden jährlich unter Anderem, Angaben über Schwerpunktsetzung und Weiterentwicklung im Bereich der Versorgungsqualität publiziert und schaffen dadurch eine gewisse Transparenz in Bereichen der Struktur- und Prozessqualität. Das QiSA Programm unterstützt hierbei in Form eines fachlichen Basissystems, mit dem die Netze konstruktiv im Dialog stehen können.[106]

---

[104] Vgl. Szecsenyi u.a. (2009a), S. 5.
[105] Vgl. Szecsenyi u.a. (2009b), S. 30.
[106] Vgl. ebd., S. 32 bis 33.

Zertifizierung und Qualitätssiegel

Ein weiteres Einsatzfeld stellt die externe Qualitätsbewertung dar. Hierbei werden die Qualitätsdaten mit der Absicht eines objektiven Vergleiches veröffentlicht und damit Dritten gegenübergestellt. Mit Hilfe von anerkannten Maßstäben werden beispielsweise niedergelassene Ärzte durch unabhängige Institutionen geprüft und zertifiziert. Hierbei werden neben betrieblichen Parametern auch medizinische oder klinische Versorgungselemente bewertet, die mit Hilfe von Qualitätsindikatoren zu einem weitgehend objektivierbaren Urteil kommen.[107] Beispielhaft ist hier das Qualitätssiegel der EQUAM-Zertifizierung[108] zu erwähnen.

4.1.4 Entwicklung von neuen Qualitätsindikatoren für die ambulante Versorgung

Die Entwicklung neuer und die Weiterentwicklung bereits bestehender Qualitätsmessgrößen sind grundlegende Gestaltungselemente eines Qualitätsindikatorenprogrammes. Auf Grund von politischen Veränderungen, neuen Krankheitsbildern oder angesichts der dynamischen Veränderung im Gesundheitswesen ist es wichtig, neue Messgrößen zu definieren, um weiterhin ein hohes Qualitätsniveau der Versorgung messen und halten zu können. Hierbei bestehen im Allgemeinen drei Entwicklungsansätze. Die gängigste Methode ist die gemeinsame Konsensfindung. Dabei werden neue Qualitätsindikatoren im gemeinsamen Dialog relativ einfach und präzise definiert, wohingegen aber die Anwendbarkeit für Teilnehmer außerhalb des Dialoges, infrage gestellt wird. Der zweite Ansatz ist die Entwicklung über bereits publizierte Evidenzen aus randomisierten, geprüften Studien. Die daraus entstehenden Indikatoren sind wissenschaftlich akzeptiert und reliabel anwendbar. Medizinische Studien beziehen sich aber zumeist auf eine spezifische Indikation, unter einer ausgewählten Probandenschaft, was dazu führt, dass der Umfang dieser Indikatoren zu eng gesteckt ist und zudem die Praxistauglichkeit erschwert. Die dritte Methode zur Entwicklung neuer Qualitätsindikatoren beinhaltet ein Ableiten aus medizinischen Guidelines, beziehungsweise Leitlinien. Das „National Primary Care Research and Development Centre" (NPCRDC) entwi-

---

[107] Vgl. Szecsenyi u.a. (2009b), S. 38.

[108] Die EQUAM Stiftung, mit dem Sitz in Bern (Schweiz), fördert die externe und unabhängige Qualitätssicherung in der ambulanten ärztlichen Versorgung. Als akkreditierte Zertifizierungsstelle verleiht sie, basierend auf dem europäischen Praxisassessment, Qualitätszertifikate für Arztpraxen sowie Zertifizierungslabel für die medizinische Qualität und Patientensicherheit. Vgl. EQUAM (2012).

ckelte hierzu eine Möglichkeit, auf Grundlage von wissenschaftlicher Evidenz und strukturierter Bewertung durch Experten, neue Qualitätsindikatoren zu bestimmen. Dieses sogenannte RAND/UCLA-Verfahren[109] findet in der hausärztlichen und spezialisierten Versorgung Großbritanniens und in den USA große Anwendung und gilt daher als gesundheitsökonomisch anerkannt. Im Rahmen der Indikatorenentwicklung von QiSA wird an dieser Stelle eine überarbeitete Version des RAND/UCLA-Verfahrens angewendet. Hierbei werden bereits evidenzbasierte Leitlinienempfehlungen, unter Zuhilfenahme bereits bestehender Qualitätsindikatoren, im Diskurs erörtert und anschließend von externer Fachexpertise begutachtet. Diese Systematik wurde bereits für neu entwickelte Themengebiete, wie beispielsweise im Rahmen der palliativen Betreuung[110] genutzt und gilt daher als praxistauglich. Bei der Bestimmung der jeweiligen Indikatoren eines ausgewählten Themengebietes ist es wichtig, allgemeine Kriterien und Eigenschaften zu definieren, um im Zuge von Weiterentwicklungen das Ziel eines solchen Indikatorensets nicht aus den Augen zu verlieren. Diese Sets bilden die Grundlage für den notwenigen Soll-Ist-Vergleich, im Rahmen einer erfolgsorientierten Vergütung des P4P Konzeptes. Daher wurden in verschiedenen Expertenkreisen Attribute definiert, die einen Leitfaden für die Entwicklung und Konstruktion neuer Qualitätsindikatoren bilden.[111] Diese Merkmale haben nicht nur für das QiSA Projekt einen verbindlichen Charakter, sondern werden auch durch Weiterentwicklungen von eigenständigen Ärztenetzen, wie beispielsweise das Qu@linet aus Mannheim herangezogen, um den Qualitätsentwicklungsprozess im regionalen Hausarztmodell anzustoßen.[112] Zusammenfassend werden in der nachfolgenden Abbildung die neun Attribute dargestellt und kurz erläutert.

---

[109] RAND/UCLA steht für die Entwicklungsteilnehmer dieses Verfahrens. Die RAND Corporation ist eine Non-Profit Institution mit dem Ziel, Entscheidungen und Methoden in der analytischen Forschung zu unterstützen. Die UCLA (University of California) leistet hierbei wissenschaftliche Unterstützung als Kooperationspartner. Vgl. RAND (2012).
[110] Vgl. Abbildung 4, S. 29.
[111] Vgl. Szecsenyi u.a. (2009b), S. 25 bis 28.
[112] Vgl. Blöß (2009), S. 14 bis 15.

valide	• Misst es das, was es messen soll? • Es bestehen keine Verzerrungen.
reliabel	• Wiederholte Anwendung auf die gleiche Situation, führt zu gleichen Ergebnissen.
sensitiv	• Gibt es Veränderungen im Versorgungsgeschehen, reagiert ensprechend auch der Indikator (zeitlicher Zusammenhang).
praktikabel	• Sie müssen leicht um- und einzusetzen sein.
evidenzgestützt	• Der Indikator wird durch evidenzbasierte Leitlinien oder durch methodisch hochwertige Studien unterstützt.
Reduzierung der Krankheitslast	• Veränderungen des Indikators in eine gewünschte Richtung bewirken eine Reduzierung der Krankheitslast für die betroffenen Patienten.
Kosteneffektivität	• Veränderungen des Indikators in eine gewünschte Richtung bewirken eine Reduzierung der Krankheitskosten.
Indikatortauglichkeit	• Es gibt Erfahrungen mit dem Indikator (oder aus gesundheitssystemspezifischen Gründen mit einem ähnlichen Indikator) in bereits bestehenden Indikatorensystemen.
Einbindung in das Qualitätsmanagement	• Die Implementierung kann aktiv von den Ärzten beeinflusst werden.

Abbildung 5: Attribute der QiSA-Indikatoren[113]

---

[113] Quelle: Eigene Darstellung in Anlehnung an Szecsenyi u.a. (2009b), S. 27.

4.2 Ambulante Qualitätsindikatoren und Kennzahlen

Ein weiteres Indikatorenprogramm im deutschen Gesundheitswesen stellt das Projekt „Ambulante Qualitätsindikatoren und Kennzahlen" (AQUIK) dar. Dieses zweite ausgewählte Beispiel verdeutlicht die Relevanz und Erforderlichkeit, qualitätsfördernde Aspekte weiterhin zu fokussieren und dadurch die Behandlungsqualität zu verbessern. Zu Beginn werden die Zielformulierungen von AQUIK dargestellt, um im zweiten Unterkapitel den methodischen Aufbau des AQUIK Indikatorensets ausführlich zu erläutern. Zum Schluss werden die einzelnen Ergebnisse der Projektphasen dargestellt und anhand eines ausgewählten Beispiels in den P4P Kontext eingeordnet.

4.2.1 Ziele des Projektes AQUIK

Das erklärte Ziel von AQUIK ist eine valide und transparente Etablierung eines Qualitätsindikatorensatzes für die vertragsärztliche Versorgung, um Behandlungsleistungen zu evaluieren, zu vergleichen und zu optimieren. Nicht zuletzt stellt hierbei die Intention der performancebasierten Vergütung ein wichtiges Stellrad im Versorgungskontext dar. So entwickelte die „Kassenärztliche Bundesvereinigung" (KBV) in Kooperation mit den „Kassenärztlichen Vereinigungen" (KVen) fachgruppenspezifische sowie fachgruppenübergreifende Qualitätsindikatoren und patientenorientierte Kennzahlen für die ambulante Versorgung (AQUIK). Ende 2006 leitete die Kooperationsgemeinschaft dieses Projekt in die Wege und entwickelte ein Set von 48 transparent konstatierten und validen Qualitätsindikatoren für haus- und vertragsärztliche Dienstleistungen im ambulanten Bereich. Das AQUIK Indikatorenset dient als Grundlage für eine effektive und effiziente Messung des Outcomes. Neben Kennzahlen zur Versorgungsmessung erweitert es das Portfolio an Qualitätsinstrumenten der KBV und liefert damit eine wichtige Aussage zur Systematik der Ergebnisqualität. Es prüft unterschiedliche Einsatzmöglichkeiten zur Qualitätsförderung und -darstellung und gibt damit die Fähigkeit, zur erfolgsabhängigen Vergütungskoppelung. Im Rahmen des Recherche- und Konsentierungsprozesses, gewinnen die KBV und KVen ein umfangreiches System an Fachexpertisen und Spezialisten und können damit auch für die systematische Entwicklung und Anwendung von Qualitätsindikatoren auf eine hochwertige

Wissensbasis zurückgreifen.[114] Bereits etablierte Qualitätssicherungsrichtlinien oder bereits implementierte Indikatoren der Disease-Management-Programme[115] sind nicht Gegenstand des AQUIK Sets, können aber in Rahmen der praxisrelevanten Anwendung bedarfsgerecht ergänzt werden. Das AQUIK Set wurde in einem mehrstufigen Verfahren entwickelt und nutzte neben nationalen Erfahrungen bereits bestehender Indikatoren, auch internationales Expertenwissen.[116] Das folgende Kapitel skizziert die einzelnen Entwicklungsphasen des Projektes und erläutert damit den Aufbau von AQUIK.

4.2.2 Methodischer Aufbau des AQUIK Projektes

Das AQUIK Projekt wurde im Rahmen des Entwicklungsprozesses in mehrere Phasen aufgeteilt. In den Phasen wurden, auf Grundlage der Ergebnisse der Vorphase, die einzelnen Schwerpunktbereiche spezifiziert und im Hinblick auf die spätere Praxistauglichkeit eruiert. Die folgende Abbildung stellt schematisch die Methodik des AQUIK Projektes dar. Im Anschluss daran werden die einzelnen Phasen erläutert.

Organisationsbefragung und
Sammlung von Informationen

Sichtung und Auswahl von
Qualitätsindikatoren

Bewertung im
Fachgruppenprozess

Machbarkeitsanalyse

Abbildung 6: Phasen des AQUIK Projektes[117]

---

[114] Vgl. Kleudgen u.a. (2011), S. 55.
[115] Disease-Management-Programme sind strukturierte und evidenzbasierte Behandlungsprogramme für bestimmte Patienten. Chronisch Erkrankte werden hier, durch ein zielorientiertes Behandlungsmanagement, in Form von standardisierten Betreuungs- und Versorgungsprozessen, in ihrem Krankheitsverlauf insoweit unterstützt, dass Beeinträchtigungen durch die Erkrankung gelindert und Folgeerkrankungen reduziert werden sollen. Vgl. KBV (2011b).
[116] Vgl. Diel (2009), S. 1286.
[117] Quelle: Eigene Darstellung in Anlehnung an KBV (2009), S. 5 bis 9 und KBV (2008), S. 4.

Organisationsbefragung und Sammlung von Informationen

Diese erste Phase befasst sich mit dem grundlegenden Kenntnisstand über Qualitätsindikatoren im Gesundheitswesen. Hierzu fand im Jahr 2007 eine schriftliche
Organisationsbefragung mit Teilnehmern aus Berufsverbänden, medizinisch relevanten Fachgesellschaften und bundesweit agierenden Patientenorganisationen
statt. 194 Organisationen wurden hierbei zu ihrem Erfahrungs- und Entwicklungs-
stand bezüglich der Nutzung von Qualitätsindikatoren befragt. Im Rahmen der
qualitativen und quantitativen Auswertung der Ergebnisse gingen auch Resultate
aus einer strukturierten, zweistufigen Internet- und Literaturrecherche ein. Diese
Sammlung von nationalen und internationalen Indikatoren wurde anschließend in
die KBV Qualitätsindikatoren-Datenbank eingepflegt. Die spezifischen Kriterien
und Charakteristika der untersuchten Indikatoren, wie beispielsweise die Art der
Entwicklungsmethode oder der indikationsspezifische Anwendungsbereich wurden ebenfalls dokumentiert und beschrieben. Kongruente Überschneidungen oder
Redundanzen von Indikatoren wurden unter Anwendung eines Algorithmus mit
Hilfe der Statistik-Software SPSS bereinigt.[118] Die erwähnten Indikatoren im
Rahmen des Disease-Management-Programmes sind ebenfalls in die Datenbasis
der KBV eingeflossen, wenngleich sie im Rahmen des Auswahl- und Bewer-
tungsprozesses keine Anwendung fanden.[119] Um aus dieser Vielzahl an Informationen eine strukturierte Systematik zu erhalten, wurde in der zweiten Phase eine
qualitative Datenreduzierung vorgenommen.

Sichtung aus Auswahl von Qualitätsindikatoren

Mit Hilfe von vier Auswahlkriterien, wurde aus rund 600 Qualitätsindikatoren ein
Indikatorenrohset definiert. Dieses Rohset wurde in fachlicher Abstimmung mit
Experten auf Grundlage folgender Indikatorenmerkmale aufgestellt.

- Relevanz für den ambulanten Sektor
- Prävalenz der entsprechenden Krankheitsbilder
- Mögliches Verbesserungspotential
- Eignung für den Nachweis guter Qualität

---

[118] Vgl. Kleudgen u.a. (2011), S. 56.
[119] Vgl. KBV (2009), S. 6.

Mit Hilfe dieser umfangreichen Datenbasis, die vornehmlich den Bereich chronischer Volkskrankheiten[120] umfasst, wurde ein Set mit 65 Indikatoren für den haus- und fachärztlichen Bereich konstatiert. Das Kriterium der Patientenzufriedenheit, beispielsweise auf Grundlage von Patientenbefragungen, fand ebenso Relevanz bei der Indikatorenauswahl, wie auch Elemente der Strukturqualität. Ausgewählte Aspekte der Praxisorganisation und -dokumentation fanden neben der bereits etablierten Verwendung im Qualitätsmanagementsystem QEP[121] der „Kassenärztlichen Bundesvereinigung" auch eine Anwendung im Rahmen der Indikatorenbestimmung im AQUIK Projekt. Dadurch entsteht eine interdisziplinäre Quervernetzung zum System von QEP und unterstreicht damit die qualitätsfördernde Denkweise der KBV und den KVen. Der spezialisierte, fachärztliche Bereich findet bei dieser Sichtung kaum eine Anwendung, da die untersuchten Versorgungsstrukturen überwiegend primärärztlich ausgerichtet sind. Des Weiteren werden im Rahmen chronischer Krankheiten vornehmlich Indikatoren der Prozessqualität abgebildet, da Ergebnisindikatoren deutlich anspruchsvoller bei der Entwicklung und Implementierung im hausärztlich-internistischen Bereich sind.[122]

Bewertung im Fachgruppenprozess

Im Rahmen der dritten Phase wurde das vorläufige Indikatorenrohset durch Fachgruppenexperten bewertet. Die Basiskriterien hierbei waren zum Einen, die Relevanz für den deutschen Versorgungskontext und zum Anderen, die Implementierungsfähigkeit sowie Praxistauglichkeit. Zur einheitlichen Evaluierung der Indikatoren entwickelte die KBV ein Methodenpapier in Anlehnung an das RAND/ UCLA Verfahren, welches auch im Rahmen von QiSA verwendet wurde. Anschließend wurden in einem zweistufigen Workshop, durch ausgewählte Experten, die einzelnen Indikatoren bewertet, ausgewertet und gegebenenfalls adaptiert.[123] Unter Berücksichtigung der einzelnen Themenbereiche wurden bestimmte Haus- und Fachärzte zu Expertenpanels zusammengestellt, die von den „Kassenärztlichen Vereinigungen" vorgeschlagen wurden. Die Voraussetzungen für qualitative Ergebnisse sind vordefinierte Auswahlkriterien, die neben einem wissenschaftli-

---

[120] bspw. Diabetes mellitus, chronisch obstruktive Lungenerkrankungen, koronare Herzerkrankungen, Herzinsuffizienzen oder Depressionen. Vgl. KBV (2008), S. 2.
[121] „Qualität und Entwicklung in Praxen" (QEP) ist ein, durch die KBV und KVen entwickeltes, Qualitätsmanagementsystem für vertragsärztliche und -psychotherapeutische Praxen. Weiterführende Erläuterungen hierzu in Diel, Gibis (2011).
[122] Vgl. KBV (2008), S. 2 bis 3.
[123] Vgl. Kleudgen u.a. (2011), S. 57.

chen, auch einem speziell fachspezifischen Anspruch unterliegen. Die Auswahl der Experten erfolgte daher anhand folgender Kriterien.

- Kenntnisse in der evidenzbasierten Medizin, bspw. Mitarbeit bei Leitlinien
- Anerkannte fachliche Meinungsführerschaft im jeweiligen Gebiet
- Erfahrungen auf dem Gebiet der Versorgungsqualität
- Mitarbeit an Qualitätsförderungsprozessen (bspw. Qualitätszirkel)
- Bereitschaft zur Verpflichtung zur aktiven Mitarbeit

Auf dieser Grundlage analysierten 28 Haus- und Fachärzte das Indikatorenset in unterschiedlichen Panels. Neben der zuvor erwähnten Relevanz für den Versorgungskontext ist die Umsetzungsmöglichkeit in den Praxisalltag ein wichtiges Kriterium und gibt Aufschluss über den Tauglichkeitsgrad eines Indikators. Zur Vorbereitung auf die Machbarkeitsanalyse in der letzten Phase wurden die einzelnen Indikatoren strukturiert aufbereitet. Diese dreigliedrige Struktur umfasste neben essentiellen Angaben zum Bewertungsprozess, auch Informationen zu den einzelnen Quellen und Originalreferenzen sowie Adaptionsmöglichkeiten und Vorschläge für die Machbarkeitsanalyse der Indikatoren.[124]

Machbarkeitsanalyse

Die konsentierten Indikatoren aus der Fachgruppenbewertung wurden anschließend in Hinblick auf Handhabbarkeit und Machbarkeit überprüft. Dazu wurden im Rahmen eines Aufrufs durch die KBV und die KVen, 113 Arztpraxen unterschiedlicher Fachrichtung und Struktur rekrutiert und zu ihrer Einschätzung hinsichtlich der Qualitätsindikatoren befragt. Im Rahmen dieser Studie wurden Aspekte des Datenaufwandes- und verfügbarkeit sowie der Relevanz der Indikatoren für die jeweilige Praxistätigkeit untersucht. Anwendung, Verfügbarkeit, Machbarkeit, Zuverlässigkeit und Akzeptanz der einzelnen Indikatoren sind ausgewählte Dimensionen, die anhand eines Fragenkataloges an die Studienteilnehmer versandt worden sind. In einem zweiten Schritt wurden einzelne Studienergebnisse in Form von semistrukturierten Interviews validiert. Hierbei fand eine Befragung von 13 niedergelassenen Ärzten zur Dokumentationsweise im Praxisalltag statt. Ergänzt wurde die Studie anschließend durch statistische Tests, die Hinweise über Zu-

---

[124] Vgl. KBV (2009), S. 6 bis 7.

sammenhänge und Abhängigkeiten der einzelnen Qualitätsindikatoren lieferte. Im Endresultat enthält AQUIK 48 Indikatoren zu ausgewählten Themen aus fachgruppenübergreifenden und fachspezifischen Versorgungsbereichen.[125] Die einzelnen Ergebnisse der Phasen des AQUIK Projektes und die daraus resultierenden Indikatorensets werden im nächsten Kapitel zusammenfassend dargestellt.

4.2.3 Ergebnisbetrachtung

Im Projekt AQUIK ermöglichte die einleitende Sammlung von Informationen das Interesse sowie die Relevanz von Qualitätsindikatoren im ambulanten Bereich zu erörtern. Die zweieinhalbmonatige Organisationsbefragung bestätigte, durch eine Rücklaufquote von 60 Prozent, ein reges Interesse an dieser Thematik und verdeutlichte damit die hohe Bedeutung der Versorgungsqualität im deutschen Gesundheitswesen. Es stellte sich heraus, dass sich die befragten Institutionen intensiv mit Fragen zur Definition, Messung und Umsetzung von Qualitätsaspekten in Arztpraxen beschäftigten, jedoch keine konkret systematisierten und evidenzbasierten Indikatoren zur Qualitätsmessung aufweisen konnten.[126] Die Bestandaufnahme wurde im Rahmen einer umfangreichen Literatur- und Internetrecherche erweitert, sodass ein Qualitätsindikatorenregister mit etwa 600 Indikatoren zur Verfügung stand. Das Register umfasste 19 Fachgruppen, in denen 80 Prozent der Indikatoren der Dimension der Prozessqualität zuzuordnen sind.[127] Im Rahmen der zweiten Phase fand eine Sichtung und Auswahl der ausgewählten Indikatoren statt. Dieser Panelworkshop erarbeitete in einer zweistufigen Bewertungsrunde 65 der 600 Messgrößen als relevante Qualitätsindikatoren für die ambulante Versorgung heraus. Dieses Rohset bildete die Grundlage für die darauffolgenden Phasen. Im Fachgruppenprozess wurde das Indikatorenrohset in Hinblick auf Relevanz und Machbarkeit durch ein 28-köpfiges Expertenteam bewertet. Hierbei wurden 74 Prozent der Indikatoren als wichtig und praxistauglich bewertet. Unter Zuhilfenahme einer adaptieren RAND/UCLA Methode konnten somit 48 Indikatoren entwickelt und definiert werden, die in der nächsten Phase einem Praxistest unterzogen worden sind.[128] Im Fokus stehen damit Themenbereiche der chronischen Erkrankungen, die eine hohe Relevanz und Prävalenz für den ambulanten Sektor

---

[125] Vgl. Kleudgen u.a. (2011), S. 58 bis 59.
[126] Vgl. KBV (2011a), S. 4 bis 7.
[127] Vgl. KBV (2009), S. 9.
[128] Vgl. KBV (2009), S. 11.

haben und einem möglichen Verbesserungspotential gegenüberstehen. Hierzu gehören Krankheitsbilder aus dem kardiovaskulären[129], aus dem muskuloskelettalen[130] und auch aus dem neuropsychiatrischen[131] Bereich.[132] Die letzte Phase des AQUIK Projektes umfasst die Machbarkeitsanalyse. Neben eines semistrukturierten Interviews zur Validierung der Ergebnisse, wurde zuvor eine Befragung in 113 niedergelassenen Arztpraxen durchgeführt. Auf Grund der geringen Fallzahl von 103 Rückläufern sind die Testergebnisse rein explorativ und hypothesengenerierend zu interpretieren. In diesem Test wurden Aspekte der Strukturqualität, wie beispielsweise die Methodik der Datenverfügbarkeit und -erhebbarkeit anhand von zehn Kernfragen evaluiert. Im Ergebnis wurden die „Ambulanten Qualitätsindikatoren und Kennzahlen" inhaltlich als weitgehend positiv, im Sinne von relevant, akzeptabel und reliabel bewertet. Mit Hilfe der Interviews wurde zudem deutlich, dass AQUIK nur im Rahmen praxisorganisatorischer Voraussetzungen zum gewünschten Erfolg führt. Eine Adaption des Praxisverwaltungssystems auf die Praxisbedürfnisse sowie eine aktive und pragmatische Haltung gegenüber der Praxis-EDV sind relevante Aspekte zur effektiven Implementierung von AQUIK.[133]

Zusammenfassend lässt sich das AQUIK Projekt als erfolgreich und praxistauglich determinieren. In der gesundheitsökonomischen Diskussion um Versorgungsqualität entwickelte die KBV, in Zusammenarbeit mit den KVen, ein transparentes Indikatorenprogramm zur Bewertung von ambulanten Behandlungsleistungen. Mit Hilfe dieser 48 evidenzbasierten Indikatoren ist es möglich, den Behandlungserfolg eines Arztes zu messen, um ihn beispielsweise in Abhängigkeit seines Outcomes, performancebasiert zu vergüten. Der GKV Spitzenverband hat, unter Anderem auf Grundlage des Indikatorenprogrammes der KBV, einen Qualitätsindikatoren-Thesaurus (QUINTH) veröffentlicht, in dem unterschiedlichste Indikatoren zusammengetragen werden und mit Hilfe einer fachlichen Überprüfung, in Form eines Reports, zur Verfügung gestellt werden.[134] Beispielhaft ist hier die Thematik „Anfallsfreiheit bei Epilepsie-Patienten" skizziert, die ebenfalls im Indikatorenset von AQUIK zu finden ist. Hierbei steht der Anteil der Patienten mit

---

[129] wie bspw. Herzinsuffizienz oder Hypertonie.
[130] wie bspw. Rückenschmerzen oder Rheuma.
[131] wie bspw. Depression oder Demenz.
[132] Vgl. Kleudgen u.a. (2011), S. 60.
[133] Vgl. KBV (2009), S. 11 bis 13.
[134] Vgl. QUINTH (2012), S. 1 bis 58.

medikamentöser Behandlung einer Epilepsie im Fokus, die in den letzten zwölf Monaten nachweislich anfallsfrei waren. Dieser Indikator wiederspiegelt die Ergebnisqualität und gibt Aufschluss darüber, inwieweit mit Medikamenten die Anfallsfrequenz kontrolliert werden konnte. Diese quantitative Langzeitmessung lässt sich mit Anreizen versehen, die eine relevante Verbesserung des Leistungs-erbringers belohnt. Neben einer Risikoadjustierung und weiteren zu berücksichti-genden Prämissen im Rahmen der Anwendung des P4P Konzeptes gilt dieser Indikator als eingeschränkt praktikabel, wenngleich er als effektives Element zur performancebasierten Vergütung gilt. [135] Neben der Bewertung der Indikatoren durch QUINTH unterliegt das AQUIK Programm denselben dynamischen Verän-derungen, wie die anderen Qualitätsprogramme. Daher ist es wichtig, die statisch definierten Qualitätsindikatoren im Wandel des Gesundheitswesens erneut auf ihre Praxistauglichkeit hin zu evaluieren und gegebenenfalls zu adaptieren. Auf der Folgeseite werden die 48 konsentierten Qualitätsindikatoren aus dem AQUIK Projekt schematisch dargestellt und durch die jeweiligen Unterkategorien ergänzt.

---

[135] Vgl. QUINTH (2011), S. 1 bis 3.

Aufmerksamkeitsdefizit-/ Hyperaktivitätsstörung (ADHS)

- Diagnosekriterien, Erstverschreibung, Folgekontakte, Schulische Unterstützung

AIDS/ HIV

- Hepatitis-C-Status, Viruslastbestimmung, Viruslastreduktion

Arterielle Hypertonie

- Behandlungsplan, Beratung Risikofaktoren, Blutdruckkontrolle

Arthrose

- Analgetika

Arzneimitteltherapiesicherheit

- Dauermedikation, Orale Antikoagulation, Polymedikation

Demenz

- Depressions-Screening, Medikationsüberprüfung, Unterstützungsangebote

Depression

- Einschätzung Fallschwere, Screening bei KHK und/oder Diabetes

Epilepsie

- Anfallsfreiheit, Dokumentation Anfallshäufigkeit, Information Antiepileptika

Gynäkologische Indikatoren

- Schwangerschaft/ Tabakentwöhnung, sexuell übertragbare Erkrankungen/ Beratung, Zervixscreening/ Nachuntersuchung

Harninkontinenz

- Behandlungsoption, Differentialdiagnose

Herzinsuffizienz

- Diagnostik, Gewichtsbestimmung

Impfen

- Grippeschutz, Impfstatus Adoleszenter, Impfstatus Kleinkinder, Tetanus und Diphtherie

Kreuzschmerz

- Alarmzeichen

Praxismanagement

- Hausbesuche, Medikamentenallergien, Nachbesprechung kritischer Ereignisse, Notfallmedikamente, Weiterbildungsmaßnahmen

Presbyakusis

- Hörgerät

Querschnittsthemen

- Blutdruckmessung, Raucherstatus, Tabakentwöhnung

Rheumatoide Arthritis

- Basistherapie, Diagnostik, Kontrolle Nebenwirkungen, Therapieinformationen

Vorhofflimmern

- Orale Antikoagulation, Schilddrüsenfunktion

Abbildung 7: AQUIK Indikatorenset[136]

---

[136] Quelle: Eigene Darstellung in Anlehnung an KBV (2009), S. 18 bis 19.

5 Kritische Betrachtungsfelder des P4P Konzeptes im Gesundheitswesen

Dieses fünfte Kapitel setzt sich mit kritischen Punkten des P4P Konzeptes im Rahmen des Gesundheitswesens der Bundesrepublik Deutschland auseinander. Obwohl die Idee und die Zielsetzung der P4P Systematik auf ein großes Interesse im gesundheitsökonomischen Diskurs stößt, wurde bisher dieses Vergütungssystem nur zum Teil verfolgt und eingeführt. Neben den angesprochenen und bereits etablierten Qualitätsindikatorenprogrammen aus dem vierten Kapitel und damit Förderer des P4P Konzeptes gibt es auch eine Vielzahl von Kritikern, die nicht zuletzt, auf Grund mangelnder deutscher Praxisevidenz, die Zielvorstellungen des P4P Konzeptes in Frage stellen.[137] Im weiteren Verlauf dieses Kapitels wird die empirisch nachweisbare Wirksamkeit der performancebasierten Vergütungspragmatik anhand ausgewählter Betrachtungsfelder kritisch reflektiert und in ihren Ausprägungen erläutert. Wegen mangelnder Basisliteratur, die sich mit dem P4P Konzept kritisch auseinandersetzt und auf Grund nur geringer, empirischer Forschungsergebnisse über die Wirksamkeit und Resonanz dieses Vergütungssystems, wird im Folgenden auf drei eigenständige Diskussionsfelder der P4P Thematik kritisch eingegangen. In Kapitel 5.1 ist die gesundheitsökonomische Wirtschaftlichkeit, als Verhältnis zwischen Nutzen und Kosten einer medizinischen Leistung, Gegenstand der Betrachtung. Das darauffolgende Kapitel setzt sich mit der Akzeptanz seitens der Leistungserbringer und dem eigentlichen Nutzen für die Leistungsempfänger kritisch auseinander. Im letzten Unterkapitel wird die Vereinbarkeit des P4P Vergütungskonzeptes mit dem Ärztestand, aus moralischer und organisationspsychologischer Sicht in den Fokus gerückt.

5.1 Wirtschaftlichkeit im P4P Konzept

Das P4P Konzept ist eine Möglichkeit, den Leistungsaufwand eines niedergelassenen Arztes in Abhängigkeit seines Behandlungserfolges zu vergüten. Hierbei unterliegt die Vergütung und damit die Kompensation von Leistungsausgaben den gesetzlichen Anforderungen, beim Leistungsvollzug die Wirksamkeit und Wirt-

---

[137] Vgl. Schrappe, Gültekin (2011), S. 107.

schaftlichkeit zu wahren.[138] Im betriebswirtschaftlichen Verständnis ist Wirtschaftlichkeit eine Kennzahl, die den Ertrag eines Arbeitsvermögens ins Verhältnis zum jeweiligen Aufwand setzt. Im Gesundheitswesen gibt es hierzu beispielsweise ein Methodenpapier des „Instituts für Qualität und Wirtschaftlichkeit im Gesundheitswesen" (IQWiG), das das Verhältnis zwischen Nutzen und Kosten von medizinischen Interventionen evaluiert.[139] Im konkreten Untersuchungsgegenstand von P4P bedeutet dass, welche Kosten für eine optimierte Leistung verursacht werden und wie diese im Verhältnis zum Outcome stehen. In Kapitel drei wurde dargestellt, dass die Qualitätsoperationalisierung die Voraussetzung ist, um performancebasiert Leistungserbringer zu vergüten. Hiermit wurde der Zähler dieser Nutzen-Kosten-Kennzahl beschrieben und gezeigt, dass eine Effizienzaussage ohne Beachtung und Messung der Nutzendimension nicht möglich ist. Der SVR beschreibt die Angemessenheit einer Leistung als Bestandteil dieser Dimension und gliedert diese in absolute (efficacy) und relative (effectiveness) Wirksamkeitsbereiche. Dadurch bestehen die Möglichkeiten, ethische und kulturelle Einflüsse oder die gesellschaftliche Akzeptanz auf der einen Seite sowie individuelle Präferenzen der Patienten, als sekundär notwendige Bedingungen, auf der anderen Seite, in die Nutzendimension durch das Kalkül der Angemessenheit zu berücksichtigen. Beide Wirksamkeitsbereiche gelten als notwendige Bedingungen, um einen gesundheitsökonomischen Nettonutzen messen zu können. Auf Grund der hohen Abstraktionsebene des Verständnisses von Angemessenheit gibt es neben formalen Vorschlägen zur Anwendung bis dato keine hinreichende Operationalisierung dieses Nutzenbestandteiles.[140]

Im Rahmen der Nennerbetrachtung der Nutzen-Kosten-Kennzahl kommen im Allgemeinen monetär bewertbare Faktoren zum Tragen, die einfach und präzise zu messen sind, wie beispielsweise Medikationskosten oder Verbrauchsmaterialien. Ein ausgewählter unerwünschter Effekt, der im Rahmen des P4P Konzeptes auftreten kann und in den Bereich der Kostenperspektive liegt, wird mit dem Begriff der Risikoselektion beziehungsweise „cherry picking" beschrieben. In diesem Zusammenhang liegt die Schwierigkeit darin, monetär bewertbare Aussagen über etwaige Negativeffekte machen zu können. Im Rahmen von Wirtschaftlichkeits-

---

[138] SGB V, §2 Abs. 4.
[139] Vgl. IQWiG (2009).
[140] Vgl. SVR (2007), Nr. 752.

überlegungen versucht hierbei ein Leistungserbringer sich einen Wettbewerbsvorteil zu verschaffen, indem er vulnerable Patientengruppen außen vor lässt.[141] Durch Abweisung von Patienten mit Komorbiditäten oder einer Mehrzahl an Erkrankungen kann der niedergelassene Arzt mit weniger Kostenaufwand ein besseres Outcome-Kosten-Verhältnis erwirtschaften und erhält dadurch eine höhere erfolgsadjustierte Vergütung. Dieser Effekt verzerrt die objektive Messbarkeit der Wirtschaftlichkeit von Leistungserbringern und kann dadurch sogar eine Verschlechterung des Behandlungsergebnisses im Ganzen hervorrufen. Im Rahmen der Qualitätsmessung von erbrachten Gesundheitsleistungen können solche Effekte durch entsprechende Risikoadjustierungen berücksichtigt werden. So hat beispielsweise ein behandelnder Arzt die Möglichkeit, Patienten mit außergewöhnlichem Behandlungsaufwand aus der Leistungsmessung auszuschließen. Inwieweit dadurch die Vergleichbarkeit zu anderen Ärzten beeinträchtigt wird oder bis zu welchem Grad eine Risikoselektion geduldet wird, ist individuell vom Indikatorenprogramm abhängig.[142] Eine allgemeine Übereinkunft, im Sinne von verbindlichen Vorschriften, über die Methodik der Berücksichtigung von unerwünschten Effekten bestehen bis dato nicht und können erst durch breit angelegte Studien indikationsspezifisch erstellt werden.

5.2 Akzeptanz und Nutzung des P4P Systems in der BRD

Im Rahmen der Etablierung des P4P Konzeptes im deutschen Gesundheitswesen ist es wichtig, neben einer praxisnahen Anwendbarkeit, eine breite, sektorenübergreifende Akzeptanz zu erfahren. Abgesehen von den formalen Implementierungsmodalitäten aus Kapitel 2.3.3 wurde im vierten Kapitel gezeigt, welche technischen Bedingungen erfüllt sein müssen, damit ein Indikatorenprogramm praxisgerecht angewendet werden kann, um einen Leistungserbringer performancebasiert zu vergüten. Die erwähnten Initiatoren von QiSA und AQUIK stehen, beziehungsweise standen bei der Entwicklung ihres Programmes vor großen Hürden. Zum Einen Bedarf es detailliert beschriebener Parameter, um eine hinreichende Anwendbarkeit der Qualitätsmessgrößen zu erhalten. Zum Anderen, hemmen zu hohe Anforderungen an die Entwicklungsmethodik und Evidenzbasierung

---

[141] Vgl. SVR (2007), Nr. 759.
[142] Vgl. Scheppach u.a. (2011), S. 122 bis 123.

die Akzeptanz im Praxisalltag.[143] Um die Intentionen der erfolgsorientierten Vergütung im Praxisalltag durchsetzen zu können empfiehlt der SVR, in seinem Gutachten aus dem Jahr 2007, eine schrittweise Annäherung und Einführung von P4P. Die Entwicklung einer breiten Akzeptanz gegenüber dem neuen System skizziert hierbei den Kernpunkt der kritischen Betrachtung. Ein wichtiger Aspekt dabei stellt die Beteiligung der Betroffenen bei der Entwicklung und Umsetzung eines solchen Konzeptes dar. Die frühe Einbindung der Akteure ist von großer Bedeutung und kann durch einen partizipativen Entwicklungsprozess im Rahmen der P4P Implementierung gewährleistet werden. Akzeptanzbemühungen müssen sich in der Widerspruchfreiheit zwischen medizinischer Professionalität und anderen Elementen, wie beispielsweise der intrinsischen Motivation konzentrieren und versuchen gleichzeitig die Praxistauglichkeit nicht aus dem Fokus zu verlieren.[144] Diese Herausforderungen müssen erfüllt werden, um die Zielvorstellungen des P4P Vergütungskonzeptes erreichen zu können. Die Akzeptanz durch die Leistungserbinger kann zudem durch demografische und organisatorische Bedingungen erschwert werden. Ein differenziertes Verständnis von Qualität, auf Grund von subjektiver Auslegung leitliniengetreuer Behandlungen oder durch Unterschiede im Bereich der fachlichen Qualifikationen, kann dazu führen, dass die Akzeptanz der niedergelassenen Ärzte im Praxisalltag individuell verschieden ausfällt. Daneben gilt die Akzeptanz seitens der Leistungsempfänger, als ebenso wichtig, wie problematisch. In Kapitel 2.4.3 wurde die Thematik der Veröffentlichung von Qualitätsdaten dargestellt und damit die Relevanz von Public Reporting charakterisiert. Bedingung des Public Reportings, um eine zielorientierte Wirkungsweise dieser Säule zu gewährleisten, ist die Nutzung dieses Informationselementes. Erst durch die praktische Akzeptanz, im Sinne einer Nutzung durch potentielle Leistungsempfänger, kann das Public Reporting seine Zielvorstellungen erfüllen. Der Gesundheitsmonitor der Bertelsmann-Stiftung erörterte im Rahmen einer repräsentativen Umfrage im Jahr 2011 den Umfang der Informationssuche seitens der Patienten über Anbieter von Gesundheitsleistungen. So werden Informationen über medizinische Produkte und Dienstleistungen vorwiegend über den Arzt selbst eingeholt und nicht über veröffentlichte Qualitätsdaten.[145] In einer

---

[143] Vgl. Stock, Szecsenyi (2007), S. 311.
[144] Vgl. SVR (2007), Nr. 749.
[145] Vgl. Koch, Waltering (2012), S. 8 bis 9.

weiteren Untersuchung wird die unzureichende Akzeptanz im Rahmen der Informationseinholung seitens der Leistungsempfänger unterstrichen. Diese Studie beschreibt, dass nur 19 Prozent der Befragten von Qualitätsberichten gehört haben und nur fünf Prozent diese Informationen bei ihrer Wahl des Leistungsanbieters nutzen.[146] Neben einer unzureichenden Nutzung durch die Patienten können auch negative Effekte aus der Veröffentlichung von Qualitätsdaten hervorgehen. So kann die Akzeptanz des P4P Konzeptes dadurch beeinträchtigt werden, dass auf Grund des Public Reportings die Ärzte beispielsweise nur noch Behandlungen verordnen, die sich auf eine positive Messbarkeit durch Indikatoren konzentrieren oder die Ärzte sich von innovativen und neuen Behandlungsmethoden abwenden, da die Gefahr einer nicht positiven Bewertung zu riskant ist.[147] Wie auch im vorherigen Kapitel beschrieben, bestehen bis dato keine breit angelegten Studien, die alle spezifischen Effekte aufdecken oder Musterlösungen anbieten. Es ist Aufgabe der künftigen Versorgungsforschung evidenzbasierte Lösungskonzepte zu entwickeln, um damit den Grad an negativen Auswirkungen zu minimieren.[148]

5.3 Vereinbarkeit von P4P mit dem Ärztestand

Das in dieser Arbeit dargestellte Vergütungskonzept stellt eine Möglichkeit dar, mit Hilfe von motivationalen Anreizen ausgewählte Ziele zu erreichen. Hierbei zielt das Wirkungssystem von P4P darauf ab, mit materiellen und immateriellen Anreizmodellen den Arzt dahingehend zu beeinflussen, dass er die Qualität seiner Leistung verbessert. In diesem Wirkungszusammenhang ist die Existenz von intrinsischer und extrinsischer Motivation zu berücksichtigen und gegenüber dem Leistungsverständnisses des Ärztestandes im Besonderen zu diversifizieren. Bei der Implementierung und Durchsetzung des erfolgsorientierten Vergütungskonzeptes müssen sowohl ökonomische, als auch sittliche Aspekte berücksichtigt werden. Neben Investitions- und Opportunitätskostenkompensationen, als betriebswirtschaftliche Voraussetzung eines solchen Konzeptes, muss die Vereinbarkeit mit der ethisch-moralischen Verpflichtung eines Arztes berücksichtigt werden.[149] Das Ärzteethos selbst sowie dessen Verträglichkeit mit dem Prinzip der

---

[146] Vgl. Geraedts (2006), S. 1.
[147] Vgl. Amelung (2012), S. 207.
[148] Vgl. SVR (2002), S. 18 und SVR (2007), Nr. 753.
[149] Vgl. Emmert (2008), S. 209.

Qualitätsoptimierung sind kritische Betrachtungsfelder im Kontext der P4P Systematik. Der Arzt gilt in der Grundstruktur seines Berufsbildes als Garant einer umfassenden therapeutischen Leistungserbringung, zum Wohle der Patienten. Das Ärzteethos erhält seine ethische Grundlage im hippokratischen Eid und beschreibt die Verbindung medizinscher Professionalität mit der moralischen Integrität des Berufstandes. In diesem Eid wird das ärztliche Selbstverständnis beschrieben, als eine religiös-ethische Verpflichtung, die Gesundheit eines Patienten, unabhängig von etwaigen Umweltbedingungen voranzustellen und medizinische Leistungen in moralischer Übereinkunft mit dem eigenen Gewissen durchzuführen.[150] Die kritische Betrachtung der Vereinbarkeit des P4P Konzeptes mit dem Ärzteethos lässt sich hierbei im Rahmen einer empirischen Studie von Andersen und Schulenburg beschreiben. Gegenstand dieser Untersuchung war die Analyse von Marktstrukturen und Wettbewerbsprozessen auf dem Markt für ambulante ärztliche Dienstleistungen.[151] Obwohl die Erhebung über zwei Jahrzehnte zurück liegt, lassen sich die Ergebnisse, gerade in Hinblick auf das Konfliktfeld der Vereinbarkeit, transferieren. Hierbei verbildlichen Andersen und Schulenburg das Verhalten eines Arztes, auf einem durchgehenden Kontinuum zwischen zwei spezifischen Endpunkten. Der eine Extrempunkt beschreibt das Handeln des Leistungserbringers im Sinne des Ärzteethos. Hierbei werden die ethisch-moralischen Grundsätze aus dem hippokratischen Eid internalisiert und der Arzt handelt ausschließlich zum Wohle und im Sinne der Patienten. Am anderen Ende des Kontinuums handelt der Arzt einzig allein aus ökonomischen Motiven. In diesem Punkt wird dem Leistungserbringer eine betriebswirtschaftliche Nutzenmaximierung unterstellt, die darauf abzielt, die medizinischen Leistungen so anzubieten und durchzuführen, dass das eigene Einkommen maximiert werden kann.[152] Tendenziell lassen sich Ärzte zwischen beiden Extrempunkten einordnen und können damit in der Betrachtung ihrer Berufsausübung schwanken. Die individuellen Auswirkungen des P4P Konzeptes für einen niedergelassen Arzt, wie beispielsweise erhöhte Einnahmen auf Grund eines höheren Behandlungserfolges oder eine schlechte Bewertung im Rahmen des Public Reportings sind dafür verantwortlich, zu welcher Seite des Kontinuums der Leistungserbringer neigt. Eine explizite Aussage über eine Ver-

---

[150] Vgl. Nicklas-Faust (2011), S. 1.
[151] Vgl. Andersen, Schulenburg (1990), S. 7.
[152] Vgl. ebd., S. 94 bis 95.

träglichkeit des P4P Gedankens mit dem Ärzteethos ist daher nur bedingt möglich und zudem entscheidend von der motivationalen Konstitution des Vergütungsempfängers abhängig. Neben dieser ethisch-moralischen Betrachtung der Vereinbarkeit lassen sich auch Überlegungen zu organisationspsychologischen Modellen anstellen. Eingangs wurde schon beschrieben, dass das P4P Konzept auf einer externen Anreizsetzung beruht, die im Zusammenhang mit dem Ärztestand kritisch zu betrachten ist. Im Rahmen der Wirkungsweise der erfolgsorientierten Vergütung durch monetäre und nicht-monetäre Aspekte besteht hierbei die Gefahr, dass die intrinsische Motivation durch die extrinsische Motivation verdrängt werden kann.[153] Die intrinsische Motivation kann an die Intentionen des hippokratischen Eides angelehnt werden und begründet die Bedürfnisbefriedigung, zum Wohle der Patienten zu handeln, in der Tätigkeit selbst. Im Verständnis des medizinischen Handlungsmotives bedeutet das, dass ein niedergelassener Arzt seine Befriedigung durch das Helfen an sich erhält. Die Mobilisierung dieser intrinsischen Motivation kann nicht durch externe Anreize aktiviert werden und kann damit beispielhaft als „Freude an der Arbeit" charakterisiert werden. Bei extrinsischen Anreizen handelt es sich um das Mittel zum Zweck der Bedürfnisbefriedigung. Hierbei erfährt der Leistungserbringer seine Befriedigung durch äußere Einflüsse, wie beispielsweise in Form einer zusätzlichen Vergütung. Der Motivationsaspekt liegt darin, den Arzt für eine bessere Leistung höher zu vergüten und ihn damit monetär zu belohnen.[154] Im Rahmen der P4P Betrachtung im Gesundheitswesen müssen die beiden Motivationsaspekte zusammenhängend dargestellt werden, um die Vereinbarkeit mit dem Ärztestand erörtern zu können. Die grundlegende Gefahr, wie sie auch der SVR in seinem Gutachten anführt, besteht in der Schwächung oder sogar Verdrängung der intrinsischen Motivation durch externe Anreize und die damit verbundene Verstärkung von Ungleichheiten und Fehlanreizen.[155] Die in Aussicht gestellten monetären Vergütungen, nach einer messbar erfolgreichen Behandlung, können dazu führen, dass der Fokus des Leistungserbringers von einer qualitäts- und patientenorientierten Versorgung weg bewegt und sich auf Behandlungen konzentriert, bei denen der Belohnungsaspekt im Vordergrund steht. Das hat zur Folge, dass das Ziel des P4P Konzeptes, die Be-

---

[153] Vgl. Frey, Osterloh (1997), S. 7 bis 8.
[154] Vgl. ebd., S. 4 bis 5.
[155] Vgl. SVR (2007), Nr. 742 und Nr. 748.

handlungsqualität koordiniert zu erhöhen, verfehlt werden kann und dadurch ein betriebswirtschaftliches Wetteifern nach Belohnungen entsteht, was kontraproduktiv wirken kann.[156] Dieser Widerspruch zwischen der externen und internen Motivation ist ein Grundproblem des erfolgsorientierten Vergütungskonzeptes und wird auch in nicht-medizinischen Branchen kritisch diskutiert. Mögliche Lösungsansätze stellen dabei, die frühe Integration der Beteiligten während der Implementierungsphase, die objektive Transparenz der Indikatorenanwendung oder beispielsweise die Bereitschaft dar, durch eine P4P übergreifende Betrachtung, die Wirkungsmethodik in den Gesamtzusammenhang der Vergütungslandschaft einordnen zu können.[157] Vereinzelte Ansätze hierfür lassen sich auszugsweise im methodischen Aufbau von AQUIK finden[158], bedürfen aber auf Grund der künftig zunehmenden Relevanz einer weiteren Fokussierung.

---

[156] Vgl. Frey, Osterloh (1997), S. 7 bis 8 und Frey, Osterloh (2000), S. 67 bis 68.
[157] Vgl. Herpen u.a. (2005), S. 308, 323, 325 und Green, Heywood (2008), S. 712 bis 713.
[158] Vgl. Kap. 4.2.2.

6 Zusammenfassung und Resümee

Die vorliegende Arbeit befasst sich mit der Vergütungssystematik von Pay for Performance im Gesundheitswesen und beleuchtet dabei neben grundlegenden Prämissen und Anforderungen der Implementierung beziehungsweise Durchführung auch bereits realisierte Programme zur Qualitätsverbesserung. Das Ziel des P4P Konzeptes ist die Steigerung der Behandlungsqualität und die damit verbundene Verbesserung des Outcomes. In Kapitel zwei wurden hierfür grundlegende Aspekte des Konzeptes dargestellt. Einleitend wurde eine einheitliche Terminologie determiniert, um dem Verständnis der erfolgsorientierten Vergütung eine definitorische Grundlage zu schaffen. Die Idee, ein variables Vergütungskonzept in das Gesundheitswesen einzuführen, stammt aus dem Jahr 1998 und wurde damals in den Vereinigten Staaten von Amerika, auf Grund großer Defizite im Gesundheitssystem fokussiert und entwickelt. Für Deutschland wurde dieses System erst durch reformbedingte Gesetzesänderungen im Jahr 2000 möglich, sodass dadurch das Interesse an Qualitätsverbesserungsmaßnahmen erstmals auch gesetzlich forciert worden ist. Neben der geschichtlichen Entwicklung von P4P wurde in Kapitel 2.3 die Systematik in Bezug auf das deutsche Gesundheitssystem näher beleuchtet. Eingangs wurde der Paragraph 136 SGB V, in Kapitel 2.3.1 ausführlich erläutert und damit gezeigt, dass die Politik die Weichen für eine Optimierung der Versorgungsqualität bereits gestellt hat. Die finanzielle Praxistauglichkeit des P4P Systems kann nur durch einen ganzheitlichen Blick auf die Vergütungslandschaft im Gesundheitswesen evaluiert werden, sodass konstatiert wurde, dass neben einer erfolgsorientierten Zusatzvergütung, ein existenzsicherndes und erfolgsunabhängiges Entgeltsystem bestehen muss. Neben gesetzlichen und finanziellen Aspekten wurden zudem auch Implementierungsmodalitäten im Rahmen des Kapitels 2.3.3 angesprochen. In diesem Abschnitt des Grundlagenkapitels wurden vier wesentliche Diskrepanzfelder beschrieben, die bei der Einführung dieser Vergütungssystematik Berücksichtigung finden müssen. Die Wahl des Adressatenkreises sowie Häufigkeit und Höhe der zusätzlichen Vergütung stellen hierbei den Rahmen des Konzeptes dar. Die Spezifizierung der Messgrößen und die Eigenschaften der Anreizmechanismen sind Fragestellungen, die im Rahmen der Operationalisierung von Behandlungsleistungen detailliert beantwortet werden müssen, damit das P4P Konzept seine zielorientierte Wirkung erreichen kann. Die tragenden Elemente, mit denen dieses Vergütungssystem eine Qualitätsverbesserung anstrebt, wurden im letzten Teil des Grundlagenkapitels beschrieben. Mit Hilfe von monetären und immateriellen Anreizen versucht das P4P Konzept die Leistungserbringer zu motivieren, ihre Versorgungsleistungen zu verbessern, um damit die Qualität der Behandlung zu erhöhen. Hierbei beruht das System neben der finanziellen Zusatzvergütung aus Kapitel 2.4.2 auf den Möglichkeiten einer öffentlichen Reputation, im Sinne von Public Reporting, welches beispielhaft anhand der Focus-Ärzteliste in Kapitel 2.4.3 skizziert wurde. Mit der Erläuterung dieser beider Säulen schließt das Grundlagenkapitel und unterstreicht damit die wechselseitige Wirkungsmechanik des erfolgsadjustierten Entgeltsystems. Die fundamentale Problematik bei diesem System stellt die objektive und gerechte Messung einer erbachten Leistung dar. Kapitel 3.1 befasste sich mit Rahmenbedingungen und Voraussetzungen von Qualitätsindikatoren und zeigte, dass vor der Leistungsmessung ein Konsens über die Operationalisierungstechnik gefunden werden muss. Es wurden grafisch Möglichkeiten aufgezeigt, mit deren Hilfe der Grad einer Leistungsverbesserung gemessen und bewertet werden kann. Bei der Diskussion über Qualität im Gesundheitswesen stellen die Forschungsergebnisse von Avedis Donabedian die Grundlage aller weiteren Überlegungen dar. Daher wurde in Kapitel 3.2 Donabedians Qualitätstrilogie als Basis für weitere Ausführungen der Qualitätsmessung näher erläutert. Neben der Struktur- und Prozessqualität bilden die Qualitätsindikatorenprogramme QiSA und AUQIK, aus dem vierten Kapitel, vor allem die Ergebnisqualität ab. Diese beiden ausgewählten Indikatorenprogramme zeigen, dass es große Bemühungen gibt, praxistaugliche und evidenzbasierte Systeme in der deutschen Versorgungslandschaft zu institutionalisieren, es jedoch weiterer Entwicklungen bedarf, um einen ganzheitlichen und dynamischen Qualitätsindikatorenansatz zu etablieren. Weiterführend stellte das fünfte Kapitel ausgewählte Betrachtungsfelder des P4P Konzeptes in den kritischen Fokus. Zusammenfassend lassen sich die Betrachtungsfelder aus dem letzten Kapitel als Anknüpfungspunkte für die zukünftige Versorgungsforschung herannehmen. Es herrscht Einigkeit darüber, dass Qualitätsindikatoren zu einem festen Bestandteil der Qualitätssicherung in der medizinischen Versorgung werden sollen und dass das Konzept der erfolgsorientierten Vergütung zur Verbesserung der Behandlungsqualität beitragen kann. Um der Forderung nach Transparenz nachzukommen, müssen die gesammelten Erfahrungen aus bereits etablierten

Systemen oder Erfolgsmodellen aus internationalen Konzepten, bei der weiteren Implementierung und Entwicklung in Deutschland, Berücksichtigung finden. Neben technischen Prämissen muss die Vergütungsmechanik Rücksicht auf betriebswirtschaftliche und ethisch-moralische Notwendigkeiten nehmen, um bei den Beteiligten Akzeptanz zu finden. Abschließend kann resümiert werden, dass das System von Pay for Performance nur im Rahmen eines multidimensionalen Führungskonzeptes die Zielvorstellung der Qualitätsverbesserung erreichen und sein Potenzial nur durch ein konstruktives Zusammenarbeiten aller beteiligten Institutionen und Instanzen entfalten kann, um damit einen positiven Beitrag zur Gesundheitsversorgung der Bundesrepublik Deutschland zu leisten.

Literaturverzeichnis

Amelung, Volker Eric (2009): Pay for Performance (P4P). Sichern neue Vergü-
tungsbedingungen bessere Ergebnisse? http://www.bks.tu-berlin.de/SS09/090
506_Amelung.pdf, eingesehen am 17.04.2012.

Amelung, Volker Eric (2012): Managed Care. Neue Wege im Gesundheitsmanagement, 5. Aufl., Wiesbaden.

Amelung, Volker Eric; Zahn, Thomas (2009): Pay-for-Perormance (P4P). Der
Business Case für Qualität? http://www.fmc.ch/uploads/tx_templavoila/P4P-
Studie_Amelung_DxCG_v0.5.pdf, eingesehen am 19.04.2012.

Andersen, Hanfried; Schulenburg, Johann-Matthias Graf von der (1990): Konkur-
renz und Kollegialität: Ärzte im Wettbewerb. Eine empirische Untersuchung,
Berlin.

AQUA (o.V.) (2012): AQUA-Institut Gesellschaft mbH - Über AQUA - Wer wir
sind. http://www.aqua-institut.de/de/ueber-aqua/wer-wir-sind/index.html, eingesehen am 31.05.2012.

Badura, Bernhard (1995): Qualitätsforschung im Gesundheitswesen. Ein Vergleich ambulanter und stationärer kardiologischer Rehabilitation, Weinheim
[u.a.].

Bartholomäus, Elke (1999): Politik Aktuell - Umfrage. Mehrheit der Bürger sieht
Defizite im Gesundheitswesen. In: Deutsches Ärzteblatt, Vol. 96, S. 32.
http://www.aerzteblatt.de/archiv/19707/Umfrage-Mehrheit-der-Buerger-sieht-
Defizite-im-Gesundheitswesen, eingesehen am 21.06.2012.

Beck (o.V.) (2012): Beck'scher Online-Kommentar. Gesetzeskommentar zum
§136 Abs. 1 bis 3 SGB V. http://beck-online.beck.de/Default.aspx?vpath=bib
data\komm\beckok_sozr_25\sgb_v\cont\beckok.sgb_v.p136.htm, eingesehen
am 16. 05.2012.

Blöß, Timo (2009): Feedback für Arztpraxen. In: Gesundheit und Gesellschaft,
Vol. 12, S. 14–15. http://www.aok-gesundheitspartner.de/imperia/md/gpp/bu
nd/qisa/presse/gg_qisa_1109.pdf, eingesehen am 24.04.2012.

BMG (o.V.) (2010): Öffentliche Ausschreibung eines Auftrags des Bundesministeriums für Gesundheit. Gutachten zur Ermittlung des nationalen und internationalen Sachstandes im Bereich von „Pay for Performance" (P4P). http://www.dlr.de/pt/Portaldata/45/Resources/dokumente/gesundheitsforschung/Gutachten_Pay_for_Performance.pdf, eingesehen am 15.05.2012.

Braun, Günther E. (1999): Handbuch Krankenhausmanagement. Bausteine für eine moderne Krankenhausführung, Stuttgart.

Burgdorf, Frederike; Kleudgen, Susanne; Diel, Franziska (2009): Pay for Performance: Wege zur qualitätsorientierten Vergütung. In: Deutsches Ärzteblatt, Vol. 106, S. A2190-A2193. http://www.aerzteblatt.de/archiv/66552, eingesehen am 24.04.2012.

CDU; CSU; FDP (o.V.) (2009): Koalitionsvertrag der 17. Bundesregierung. Wachstum. Bildung. Zusammenhalt, Berlin.

Cromwell, Jerry; Trisolini, Michael; Pope, Gregory; Mitchell, Janet; Greenwald, Leslie (2011): Pay for performance in Health Care. Methods and Approaches, Research Triangle Park, North Carolina.

Diel, Franziska (2009): Qualitätsindikatoren in der ambulanten Versorgung. KBV will Qualität besser vergleichbar machen. In: Deutsches Ärzteblatt, Vol. 106, S. A-1286 / B-1096 / C-1068. http://www.aerzteblatt.de/archiv/65095, eingesehen am 24.05.2012.

Diel, Franziska; Gibis, Bernhard (Hrsg.) (2011): QEP Qualitätsziel-Katalog. Für Praxen, für Kooperationen, für MVZ. QEP - das Qualitätsmanagement-System für die ambulante Gesundheitsversorgung, Köln 2011.

Donabedian, Avedis (1980): Explorations in quality assessment and monitoring. Volume I. The Definition of Quality and Approaches to its Assessment, Ann Arbor, Michigan.

Emmert, Martin (2008): Pay for Performance (P4P) im Gesundheitswesen. Ein Ansatz zur Verbesserung der Gesundheitsversorgung?, Burgdorf.

EQUAM (o.V.) (2012): Equam Stiftung - Externe Qualitätssicherung in der Medizin. http://www.equam.ch, eingesehen am 31.05.2012.

FAZ (o.V.) (2006): Karrieresprung: Die Kasse muß klingeln - variable Vergütung. http://www.faz.net/aktuell/wirtschaft/karrieresprung_die_kasse_muss_klingel n_variable_verguetung_1329516.html, eingesehen am 08.05.2012.

Fleschner, Frank (2012): Experten-Finder. http://www.focus.de/digital/handy/app-der-woche/app-der-woche-experten-finder_aid_722779.html, eingesehen am 23.05.2012.

Focus (o.V.) (2010): Studie: Variable Vergütung nimmt zu. http://www.focus.de/ finanzen/karriere/studie-variable-verguetung-nimmt-zu_aid_579796.html, eingesehen am 08.05.2012.

Frey, Bruno; Osterloh, Margit (1997): Sanktionen oder Seelenmassage? Motivationale Grundlagen der Unternehmensführung. www.iou.unizh.ch/orga/downloads/C_51_sankt.od.seelen.pdf, eingesehen am 14.06.2012.

Frey, Bruno; Osterloh, Margit (2000): Pay for Performance. Immer empfehlenswert? In: Zeitschrift für Führung und Organisation, Vol. 69, S. 64–69. http:// www.bsfrey.ch/articles/333_00.pdf, eingesehen am 14.06.2012.

GBE (o.V.) (2006): Gesundheitsberichterstattung des Bundes. Gesundheit in Deutschland, Berlin.

Geraedts, Max; Auras, Silke; Hermeling, Peter; Cruppé, Werner de (2009): Public Reporting. Formen und Effekte öffentlicher Qualitätsberichterstattung. In: Deutsche medizinische Wochenschrift, Vol. 134, S. 232–233.

Geraedts, Max (2006): Qualitätsberichte deutscher Krankenhäuser und Qualitätsvergleiche von Einrichtungen des Gesundheitswesens aus Versichertensicht. Das Projekt: Gesundheitsmonitor. http://www.bertelsmann-stiftung.de/cps/rd e/xbcr/SID-755C9652-0C531538/bst/2006-7%20Geraedts.pdf, eingesehen am 13.06.2012.

Green, Colin; Heywood, John (2008): Does Performance Pay Increase Job Satisfaction? In: Economica, Vol. 75, S. 710–728. http://onlinelibrary.wiley.com/doi/10.1111/j.1468-0335.2007.00649.x/pdf, eingesehen am 14.06.2012.

Gruhl, Matthias (2011): Pay for Performance: Steuerung von Qualität im Gesundheitswesen. In: KU Gesundheitsmanagement, Vol. 10/2011, S. 42–44. http://www.wiso-net.de/webcgi?START=A60&DOKV_DB=ZGEN&DOKV_NO=KU3124189265&DOKV_HS=0&PP=1, eingesehen am 24.04.2012.

Hämmerle, Philipp; Estelmann, Alfred; Schwandt, Martin (2006): Moderne Verfahren der Qualitätsberichterstattung im Krankenhaus, Burgdorf.

Herpen, Marco; Praag, Mirjam; Cools, Kees (2005): The Effects of Performance Measurement and Compensation on Motivation: An Empirical Study. In: De Economist, Vol. 153, S. 303–329.

IHA (o.V.) (2006): Advancing quality through collaboration: The California Pay for Performance Program. A Report on the First Five Years and a Strategic Plan for the Next Five Years. Integrated Healthcare Association. http://www.iha.org/pdfs_documents/p4p_california/P4PWhitePaper1_February2009.pdf, eingesehen am 15.05.2012.

IOM (o.V.) (2003): Crossing the quality chasm. A new Health System for the 21st Century, Institute of Medicine, Washington, D.C.

IOM (o.V.) (2007): Rewarding provider performance. Aligning incentives in Medicare, Institute of Medicine, Washington, D.C.

IQWiG (o.V.) (2009): Allgemeine Methoden zur Bewertung von Verhältnissen zwischen Nutzen und Kosten. Institut für Qualität und Wirtschaftlichkeit im Gesundheitswesen. https://www.iqwig.de/download/Methodik_fuer_die_Bewertung_von_Verhaeltnissen_zwischen_Kosten_und_Nutzen.pdf, eingesehen am 12.06.2012.

KBV (o.V.) (2008): KBV erzielt erste Ergebnisse beim Projekt AQUIK - Ambulante Qualitätsindikatoren und Kennzahlen. http://daris.kbv.de/daris/doccontent.dll?LibraryName=EXTDARIS^DMSSLAVE&SystemType=2&LogonId

=3c9ad9dc2be69e637b9ccbee3466e0b2&DocId=003756994&Page=1, eingesehen am 24.04.2012.

KBV (o.V.) (2009): KBV entwickelt Starter-Set ambulanter Qualitätsindikatoren -
Ergebnisse des Projekts „AQUIK". Projektbericht. http://daris.kbv.de/daris/
docconent.dll?LibraryName=EXTDARIS^DMSSLAVE&SystemType=2&
LoginId=3c9ad9dc2be69e637b9ccbee3466e0b2&DocId=003759278&Page
=1, eingesehen am 24.04.2012.

KBV (o.V.) (2011a): Ambulante Qualitätsindikatoren und Kennzahlen (AQUIK).
Ergebnisse der Organisationsbefragung 2007. http://www.kbv.de/themen/aqu
ik.html, eingesehen am 07.06.2012.

KBV (o.V.) (2011b): Disease-Management-Programme: Kassenärztliche Bundesvereinigung. http://www.kbv.de/6041.html, eingesehen am 05.06.2012.

Klakow-Franck, Regina (2009): Pay for Performance: Was ist machbar? Sicht der
Bundesärztekammer, QMR-Kongress Potsdam.

Kleudgen, Susanne; Diel, Franziska; Burgdorf, Friederike; Quasdorf, Ingrid;
Cruppé, Werner de; Geraedts, Max (2011): KBV entwickelt Starter-Set ambulanter Qualitätsindikatoren - AQUIK-Set. http://ac.els-cdn.com/S18659
21710003636/1-s2.0-S1865921710003636main.pdf?_tid=62fbd1e9f450db1f3
630ea4cbe74c4b4&acdnat=1334836935_85c184a486f95db26add487418e7cb
4c, eingesehen am 19.04.2012.

Klusen, Norbert; Meusch, Andreas; Piesker, Juliane (2009): Pay for Performance -
weder Königs- noch Holzweg. http://www.andreas-meusch.de/resources/Nom
os31_p4p.pdf, eingesehen am 19.04.2012.

Koch, Klaus; Waltering, Andreas (2012): Bertelsmann Stiftung. Gesundheitsmonitor. Ein Newsletter der Bertelsmann Stiftung und der BARMER GEK. http://
www.bertelsmann-stiftung.de/cps/rde/xchg/bst/hs.xsl/prj_7097.htm, einge-
hen am 13.06.2012.

Lohr, Kathleen; Schroeder, Steven (1990): A Strategy for Quality Assurance in
Medicare. In: The New England Journal of Medicine, Vol. 322, S. 707–712.

http://www.nejm.org/doi/pdf/10.1056/NEJM199003083221031, eingesehen am 24.05.2012.

MDK (o.V.) (2008): MDK - Forum. Das Magazin der Medizinischen Dienste der Krankenversicherung. Ab 2011 prüft der MDK jedes Jahr. In: MDK- Forum. Medizinischer Dienst der Krankenversicherung, Vol. 12, S. 26–27. http://www.mdk.de/application/Scivias/Searcher.pl, eingesehen am 29.05.2012.

Medicare (o.V.) (2012): The Official U.S. Government Site for Medicare. http://www.medicare.gov/navigation/medicare-basics/medicare-benefits/medicare-benefits-overview.aspx, eingesehen am 24.05.2012.

Munte, Axel (2010): Mengensteuerung durch Qualitätssicherung: Pay for Performance. Ansätze in Bayern. Gesundheitspolitisches Kolloquium S10, Bremen.

Nicklas-Faust, Jeanne (2011): ICEP Argumente. Ärztliches Ethos auf der schiefen Ebene? In: ICEP Berliner Institut für christliche Ethik und Politik, Vol. 7, S. 1–2. http://www.icep-berlin.de/fileadmin/templates/....../02_11_NicklasFaust.pdf, eingesehen am 12.06.2012.

OECD (o.V.) (2011): OECD-Gesundheitsdaten 2011. Deutschland im Vergleich. Organisation for Economic Co-operation and Development. http://www.oecd.org/dataoecd/15/1/3901235.pdf, eingesehen am 21.06.2012.

QUINTH (o.V.) (2011): Qualitätsindikatoren-Thesaurus. Basisdaten des Indikators: Anfallsfreiheit bei Epilepsie-Patienten. http://quinth.gkv-spitzenverband.de/content/erfassung.php?id=50, eingesehen am 07.06.2012.

QUINTH (o.V.) (2012): „Quinth" Die Qualitätsindikatoren Datenbank des GKV-Spitzenverbandes. http://quinth.gkv-spitzenverband.de/content/indikatoren-liste.php, eingesehen am 07.06.2012.

RAND (o.V.) (2012): History and Mission - RAND. http://www.rand.org/about/history.html, eingesehen am 01.06.2012.

Reißig, Martin (2009): Mehr Effizienz durch leistungsorientierte Vergütung? Eine kritische Betrachtung des Pay4Performance-Ansatzes im Gesundheitswesens.

In: Bayerisches Zahnärzteblatt, S. 9–11. http://www.bzb-online.de/julaug09/ 09_11.pdf, eingesehen am 16.05.2012.

Rieser, Sabine (2009): Qualitätsorientierte Vergütung. Zusätzliches Geld für mehr Qualität bewirkt keine Wunder. In: Deutsches Ärzteblatt, Vol. 106, S. 13. http://www.aerzteblatt.de/archiv/65094, eingesehen am 23.05.2012.

Rosenthal, Meredith B.; Dudley, R. Adams (2006): Pay for Performance: A Decision Guide for Purchasers. In: Agency for Healthcare Research and Quality (AHRQ), Vol. 06-0047. http://www.ahrq.gov/qual/p4pguide.htm, eingesehen am 15.05.2012.

Rusin, Gail (2012): Health Care Conference Administrator, L.L.C: Intergrated Healthcare Association. Total Cost of Care and Value Based P4P. http://www.ehcca.com/presentations/.../rusin_pc1.pdf, eingesehen am 21.05.2012.

Scheppach, Manfred; Emmert, Martin; Schöffski, Oliver (2011): Pay for Performance (P4P) im Gesundheitswesen. Leitfaden für eine erfolgreiche Einführung, Burgdorf.

Schrappe, Matthias (2001): Das Indikatorenkonzept: Zentrales Element des Qualitätsmanagements. In: Medizinische Klinik, Vol. 96, S. 642–647.

Schrappe, Matthias; Gültekin, Nejla (2011): Pay for Performance (P4P): Auswirkungen auf die Qualität und Abgrenzung von der Einzelleistungsvergütung; In: Krankenhaus-Report 2011. Schwerpunkt: Qualität und Wettbewerb, Stuttgart [u.a.].

SGB V: Sozialgesetzbuch (SGB) Fünftes Buch (V) - Gesetzliche Krankenversicherung (Artikel 1 des Gesetzes vom 20. Dezember 1988, BGBl. I S. 2477).

Spindler, Karl (1999): Qualitätsmanagement nach DIN EN ISO 9000ff. in der Chirurgischen Klinik des Krankenhauses Bad Canstatt. In: Braun, Günther E.; Handbuch Krankenhausmanagement, Stuttgart.

Stock, Johannes; Szecsenyi, Joachim (2007): Stichwort: Qualitätsindikatoren. Erste Erfahrungen in der Praxis, 1. Aufl., Bonn; Frankfurt am Main.

Suñol, Rosa (2000): Avedis Donabedian. In: International Journal of Health Care, Vol. 12. Number 6, S. 451–454. http://intqhc.oxfordjournals.org/content/12/6/451.full.pdf, eingesehen am 24.05.2012.

SVR (o.V.) (1997): Gesundheitswesen in Deutschland: Kostenfaktor und Zukunftsbranche. Sondergutachten zu Band II: Fortschritt und Wachstumsmärkte, Finanzierung und Vergütung, Bonn.

SVR (o.V.) (2002): Bedarfsgerechtigkeit und Wirtschaftlichkeit - Kurzfassung. Band I: Zielbildung, Prävention, Nutzorientierung und Partizipation; Band II: Qualitätsentwicklung in Medizin und Pflege, 1. Aufl., Baden-Baden.

SVR (o.V.) (2007): Kooperation und Verantwortung - Voraussetzungen einer zielorientierten Gesundheitsversorgung, 1. Aufl., Baden-Baden.

Szecsenyi, Joachim; Stock, Johannes; Broge, Björn (2003): Qualität greifbarer machen: Qualitätsindikatoren der AOK für Arztnetze. In: Managed Care, S. 18–20. http://www.fmc.ch/uploads/tx_userzsarchiv/09-qualitaet_greifb.machen.pdf, eingesehen am 25.04.2012.

Szecsenyi, Joachim; Stock, Johannes; Broge, Björn (2009a): QiSA - das Qualitätsindikatorensystem für die ambulante Versorgung. Band B, 1. Aufl., Berlin.

Szecsenyi, Joachim; Stock, Johannes; Broge, Björn (2009b): QiSA - das Qualitätsindikatorensystem für die ambulante Versorgung. Band A, 1. Aufl., Berlin.

Viethen, Gregor (1995): Qualität im Krankenhaus. Grundbegriffe und Modelle des Qualitätsmanagements, Stuttgart; New York.

Wambach, Veit (2012): Das Ziel: Transparenz in Einzelpraxen und Netzen. http://www.aok-gesundheitspartner.de/imperia/md/gpp/bund/arztundpraxis/prodialog/2012/prodialog_090312.pdf, eingesehen am 18.04.2012.

Welt (o.V.) (2006): Das ganze alltägliche Verschwenden. http://www.welt.de/102413960, eingesehen am 21.06.2012.

Zollondz, Hans-Dieter (2006): Grundlagen Qualitätsmanagement, München.